JOURNAL für die Frau

DER NEUE VOLLWERT GENUSS

EXTRA: Das praktische Kräuter-Poster für Ihre Küche

Kräuter sind vitaminreich, kalorienarm und der aromatischste Ersatz für Salz. Darum haben wir diesem Buch über den neuen Vollwertgenuß ein großes Poster mit den 20 wichtigsten Küchenkräutern beigelegt.
Es zeigt und beschreibt so beliebte Kräuter wie Petersilie oder Dill, aber auch so ungewöhnliche wie Pimpinelle, Liebstöckel oder Borretsch. Und zu jedem Küchenkraut gibt's (auf der Poster-Rückseite) ein besonders typisches Rezept. Auch mit Fleisch, was in der Vollwerternährung – in Maßen genossen – ja durchaus erlaubt ist.

JOURNAL für die Frau

Brigitte Scharnhorst
Klaus Heitkamp
Ulrike Brämer

DER NEUE VOLLWERT GENUSS

Die 150 besten Rezepte.
Und jeder wichtige Handgriff
beim Zubereiten
wird genau erklärt

Ein JOURNAL FÜR DIE FRAU Buch
im Mary Hahn Verlag

Die Autoren:

Ulrike Brämer, Jahrgang 1958, hat Oecotrophologie (Haushalts- und Ernährungswissenschaft) studiert. Seit gut drei Jahren ist sie Redakteurin im Kochressort von JOURNAL FÜR DIE FRAU, spezialisiert vor allem auf Vollwerternährung und Diät.

Klaus Heitkamp, Jahrgang 1955, studierte nach einer praktischen Ausbildung als Koch Oecotrophologie und stieg dann in den Food-Journalismus ein. Seit 1988 ist Klaus Heitkamp Redakteur im Kochressort von JOURNAL FÜR DIE FRAU.

Brigitte Scharnhorst, Jahrgang 1941, arbeitet seit 1963 im Journalismus. Nach Jahren im aktuellen Zeitungsgeschehen spezialisierte sie sich aus Neigung auf den Food-Bereich. Seit 1978 ist sie Leiterin des Kochressorts von JOURNAL FÜR DIE FRAU.

Ein Buch aus der Produktion der Zeitschrift JOURNAL FÜR DIE FRAU

Redaktion: Geert Zebothsen
Text und Produktion:
Ulrike Brämer
Klaus Heitkamp
Brigitte Scharnhorst
Lektorat: Hermann Hemminger
Grafische Gestaltung:
Elisabeth Westermann
Umschlag: Wolfgang Heinzel
Herstellung: Franz Nellissen
Fotos: Andrea Kramp u. Bernd Gölling, Hans Joachim Schmidt, Ursula Sonnenberg, Klaus Wissing, Gabriele Wosnitza

Satz: Atelier Hans Numberger,
München
Gesetzt aus: Times normal,
Futura leicht mit Futura fett,
Linotype System 4
Lithografie: Czech + Partner,
München
Druck und Bindearbeiten: Mohndruck,
Grafische Betriebe GmbH, Gütersloh
Printed in Germany
ISBN 3-87287-360-1

Inhalt

Zur leichteren Orientierung finden Sie diese Farbflächen kapitelweise auf allen Rezeptseiten wieder

Die Vollwertküche der 90er Jahre: Gesundheit und Genuß

Alle Gerichte wurden in der JOURNAL-Versuchsküche entwickelt und ausprobiert

Als Ende der 70er Jahre die ersten Vollwertrezepte hierzulande auftauchten, interessierte sich nur eine Minderheit dafür. Inzwischen hat diese natürliche Art der Ernährung viele, viele Anhänger gefunden. Doch Hand aufs Herz: Sind Sie nicht auch manchmal noch der Meinung, daß die Vollwertkost zwar eine lobenswert gesunde Sache ist, aber kaum zu kulinarischen Höhenflügen verführt? Dann lassen Sie sich mit diesem Buch endgültig vom Gegenteil überzeugen: Die Vollwertküche der 90er Jahre bedeutet auch totalen Genuß!

JOURNAL FÜR DIE FRAU hat als eine der ersten Frauenzeitschriften überhaupt Vollwertrezepte veröffentlicht und ist seitdem nicht nur dem Thema, sondern auch dem Grundsatz treu geblieben: Alle Gerichte müssen richtig gut schmecken. Jedes Rezept, das Sie in diesem Buch finden, wurde in der JOURNAL-Versuchsküche entwickelt und ausprobiert, und wenn irgend etwas nicht hundertprozentig gefiel, versuchten wir Neues.

Wichtig war uns auch, daß sich jedes Gericht leicht und mit modernen Küchengeräten zubereiten läßt. Denn Vollwerternährung heißt eben nicht: Zurück in die umständliche, zeitaufwendige Großmutterküche! Sonst könnten Berufstätige den Kochlöffel ja gleich fallen lassen...

Um einem weitverbreiteten Vorurteil zu begegnen: die Vollwerternährung gilt nicht deshalb als gesunde Kost, weil Fleisch fehlt. Fleisch ist schließlich weder ungesund noch krank machend – vorausgesetzt, es wird nicht im Übermaß gegessen (was hierzulande leider der Fall ist). Trotzdem haben wir in diesem Buch auf Fleisch verzichtet. Warum? Ganz einfach: weil es Fleischrezepte in unübersehbarer Zahl gibt, Rezepte für die fleischlose Alternative aber Mangelware sind.

Übrigens: Damit Sie immer genau wissen, was in den Salaten, Suppen, warmen Gerichten, kalten und süßen Sachen steckt, listen wir am Schluß eines jeden Rezepts die Nährwerte auf – inklusive der Kalorien- bzw. Joulemenge. Und: Alle entscheidenden Handgriffe der Zubereitung werden in kleinen Zusatzfotos gezeigt und erklärt. Außerdem finden Sie eine Fülle von Extra-Tips, eine umfassende Warenkunde zu den wichtigsten Lebensmitteln der Vollwertküche und eine kritische Bestandsaufnahme zum Thema Bio-Produkte.
Los geht's mit den 25 wichtigsten Fragen und Antworten zur Vollwerternährung auf Seite 8. Viel Spaß und guten Appetit.

Ihre Redaktion JOURNAL für die Frau

Alle entscheidenden Handgriffe der Zubereitung werden in kleinen Zusatzfotos gezeigt und erklärt

Die 25 entscheidenden Fragen und Antworten

Was bei der Vollwertkost wirklich wichtig ist

Kaum eine Ernährungsform ist derart im Kommen – und gleichzeitig mit so vielen Vorurteilen belastet wie die Vollwertkost. Da heißt es: »Körnerpickerei«, »fade«, »umständlich«, »aufwendig«, »teuer« oder »nur für Gesundheitsapostel«. Woran das liegt? Begriffe und Funktion der Vollwertküche werden immer noch viel zu abstrakt und wissenschaftlich erklärt.
Dabei ist die Vollwertküche überhaupt kein Buch mit sieben Siegeln. Lesen Sie selbst

Was ist eigentlich Vollwerternährung?

1

Vollwertkost ist keine Erfindung unserer Zeit, sondern die Rückbesinnung auf eine Ernährung, die früher ganz normal war. Als Lebensmittel noch nicht industriell bearbeitet werden konnten, wurde gegessen, was die Natur frisch anbot. Und so gilt als wichtigster Grundsatz der Vollwerternährung denn auch: Sich hauptsächlich mit Lebensmittel zu ernähren, die so frisch und naturbelassen wie möglich sind. Und die Ernährung so zusammenzustellen, daß sie den Organismus optimal mit allen Nahrungsinhaltsstoffen – also Eiweiß, Fett, Kohlenhydrate, Vitamine und Mineralstoffe – versorgt.

Wie ernährt man sich denn vollwertig?

2

Gar nicht schwer. Wichtig ist vor allem, daß wenig Fleisch und Eier gegessen werden, dafür aber mehr Vollkornprodukte, Gemüse, Salate und Obst. Auf den ausgewogenen Speiseplan gehören auch Hülsenfrüchte – ganz wichtig wegen des Eiweiß- und Ballaststoffgehalts! –

und Milch- und Milchprodukte – wegen des tierischen Eiweißes. Außerdem: kaltgepreßte Öle (haben mehr Vitamine als raffinierte), ungehärtete Pflanzenmargarine und Butter. Nicht fehlen dürfen überdies viele Kräuter und Gewürze, die zum großen Teil Salz und Zucker ersetzen können.

3 Ist das Ganze nicht nur Körner- und Salatknabberei?

Auf gar keinen Fall – das beweisen schon die Rezepte in diesem Buch. Vollwertküche ist auch eine »Genußküche«. Allerdings halten es strenge Vollwertköstler für angebracht, die Hälfte der täglichen Lebensmittel roh, die andere Hälfte erhitzt zu sich zu nehmen. Einfach deshalb, weil beim Erhitzen Vitamine verlorengehen. Wer aber zuviel Rohem nichts abgewinnen kann, behilft sich mit einem Trick und streut reichlich Sprossen und Kräuter über Gemüse, Eintöpfe und andere warme Gerichte.

4 Welche Lebensmittel gehören nicht in die Vollwertküche?

Vor allem alle »hochverarbeiteten« Lebensmittel. Darunter versteht man Produkte wie Weißmehl oder Haushaltszucker, die dem Körper nichts anderes als leere Kalorien – also nur Energie, aber keine Vitamine, Mineral- und Ballaststoffe – liefern. Um das ein bißchen anschaulicher zu machen, haben Vollwertexperten die Lebensmittel nach Wertstufen eingeteilt:

- Besonders empfehlenswert – das sind frische Lebensmittel, die roh verzehrt werden (gekeimtes Getreide, Obst, Gemüse, Nüsse).
- Sehr empfehlenswert – dazu gehören Lebensmittel, die mechanisch oder »enzymatisch« bearbeitet wurden, also gemahlen, zerkleinert, getrocknet oder fermentiert sind (Joghurt, Sauerkraut, Vollkornschrot, Säfte, kaltgepreßte Öle zum Beispiel).
- Empfehlenswert – dies betrifft Lebensmittel, die hitzebehandelt – gedünstet, gedämpft, gebacken bzw. pasteurisiert – oder aber auch tiefgefroren wurden.
- Weniger empfehlenswert – das sind stärker verarbeitete Gemüse und Lebensmittel wie Getreideflocken ohne Keim, Auszugsmehle oder polierter Reis. Auch das Konservieren durch Vakuum sowie das Sterilisieren und Fritieren gilt als weniger empfehlenswert.
- Nicht empfehlenswert – das sind sogenannte isolierte Lebensmittel und Fertigprodukte wie beispielsweise Zucker, Stärke, Fritierfette, Alkohol, Salz, Limonaden usw.

5 Kann ein einziges Lebensmittel vollwertig sein?

Mit Ausnahme der Muttermilch: nein! Deshalb ist es ja so wichtig, täglich Lebensmittel aus den verschiedensten Gruppen zu essen. Also Milchprodukte, Hülsenfrüchte, Getreide, Gemüse, Obst. Grundsätzlich gilt: Je abwechslungsreicher der Speisezettel, desto besser ist die ausreichende Versorgung mit allen Nährstoffen.

6 Sind Vollwertlebensmittel wirklich teurer?

Zum größten Teil ja. Das trifft vor allem auf Gemüse, Obst und Getreide aus biologischem Anbau zu. Denn, so wird argumentiert: Der Anbau ist einfach aufwendiger. Ganz sicher schwimmen aber auch viele Lebensmittelhersteller auf der gegenwärtig aktuellen Bio-Welle mit und langen bei ihren Produkten ungerechtfertigt kräftig zu. Hier drei Beispiele: 1 Liter Vollmilch = 1,19 Mark, ½ Liter Vorzugsmilch = 1,29 Mark. 500 Gramm normales Toastbrot = 1,99 Mark, 500 Gramm Vollkorntoast = 2,39 Mark. 10 Eier Kl. 3 = 2,69 Mark, 10 Vier-Korn-Eier = 3,99 Mark. In jedem Fall lohnt es sich, Preisvergleiche anzustellen und – wenn sich die Chance bietet – Produkte direkt beim Erzeuger zu kaufen. Adressen von direkt vermarktenden Bauern gibt's bei allen Verbraucherzentralen, bei »Die Verbraucher Initiative e.V.«, Breite Straße 51, 5300 Bonn 1, beim »Demeter-Bund«, Postfach 710131, 7000 Stuttgart 75, oder bei der »Fördergemeinschaft organisch-biologischer Landbau e.V.«, Barbarossastraße 14, 7336 Uhingen.

7 Paßt tiefgefrorenes Gemüse in die Vollwertküche?

Eindeutig, denn von der Ernte bis zur Verarbeitung vergehen oft nur wenige Stunden. Das Gemüse wird nach dem Blanchieren sofort bei minus 40 Grad und mehr schockgefroren. Dadurch können sich keine Mikroorganismen mehr bilden, Vitamine und Mineralstoffe bleiben besser erhalten als beim Frischgemüse, das oft schon lange Transportwege hinter sich hat (etwa aus dem Ausland). Noch ein Vorteil: Die Garzeiten von tiefgefrorenem Gemüse sind kürzer. Wer also nicht superfrisches Gemüse einkaufen kann, ist mit tiefgefrorenem Gemüse bestens bedient.

8 Und wie steht's mit Fisch?

Fisch ist ja ein rundherum gesundes Lebensmittel. Es liefert den wichtigen Mineralstoff Jod, viel Eiweiß und hochungesättigte Fettsäuren. Diese Fettsäuren senken zum Beispiel einen zu hohen Cholesterinspiegel. Ein bis zwei Fischmahlzeiten pro Woche sind bei der Vollwerternährung (und auch sonst) einfach ideal. Nun zählt Fisch allerdings inzwischen mit zu den belasteten Lebensmitteln. Hochseefische sind in jedem Fall geringer belastet als die aus küstennahen Gewässern. Bei Thunfisch sollte das Fleisch von kleinen, jüngeren Tieren kommen, sie haben mit Sicherheit weniger Quecksilber.

9 Ist Fleisch eigentlich völlig tabu?

Fleisch ist auch ein Produkt der Natur und deshalb in der Vollwerternährung nicht verboten. Aber Fleisch enthält viel Fett, Cholesterin, gesättigte Fettsäuren und Purine – Stoffe, die u.a. Übergewicht, Fettstoffwechselstörungen oder Gicht begünstigen. Ein zu hoher Fleischverzehr wird deshalb auch für die Entstehung der sogenannten Zivilisationskrankheiten (Herz, Kreislauf) verantwortlich gemacht. Mediziner und Ernährungsexperten plädieren schon lange dafür, weniger Fleisch zu essen. Bei vielen Vollwertköstlern kommt neben dem gesundheitlichen Aspekt aber noch ein moralischer Gesichtspunkt hinzu: die unwürdige Massentierhaltung.

Was passiert, wenn man auf Fleisch verzichtet?

10

Fleisch liefert besonders hochwertiges Eiweiß. Von den 55 Gramm Eiweiß, die ein Erwachsener täglich zu sich nehmen soll, müßte eigentlich ein Drittel tierisches Eiweiß sein. Eier, Milchprodukte und Tofu (Sojabohnenquark) tun's aber auch.

Warum sind Ballaststoffe so wichtig?

11

Weil diese unverdaulichen Faserstoffe den Darm reinigen und Giftstoffe binden. Nach Auskunft der »Deutschen Gesellschaft für Ernährung« tritt bei ballaststoffreicher Kost sogar Dickdarmkrebs weniger auf. Außerdem: Ballaststoffe füllen und machen länger satt.

Was versteht man unter Vitalstoffen?

12

Neben den essentiellen Nährstoffen wie Eiweiß, Fett, Kohlenhydrate, Vitamine, Mineralstoffe gibt es vor allem in Pflanzen viele biologisch und pharmakologisch aktive Substanzen. Sie werden mit zunehmender Verarbeitung von Lebensmitteln zerstört. Mediziner bestreiten zwar die Funktion von Vitalstoffen, Ernährungswissenschaftler aber nehmen an, daß sie die essentiellen Nährstoffe ergänzen.

Was sind die Unterschiede zwischen Vollwertkost und Vegetarismus?

13

Gemäßigter, sogenannter »Ovo-Lacto-Vegetarismus« (pflanzliche Lebensmittel, Eier- und Milchprodukte) entspricht der fleischlosen Vollwertkost. Strenge Vegetarier aber lehnen aus weltanschaulichen Gründen alle tierischen Produkte ab. Zudem essen sie das meiste roh. Durch diese einseitige Ernährung haben sie allerdings häufig Mangel an Eiweiß, A- und B-Vitaminen sowie Kalzium und Eisen.

Verträgt jeder Mensch Vollwertkost?

14

Ja. Allerdings kann man am Anfang unter Völlegefühl und Blähungen leiden, weil sich der Körper doch erst an die ballaststoffreiche Kost gewöhnen muß. Deshalb empfiehlt es sich, in der ersten Phase mehrere kleine Mahlzeiten am Tag zu essen. Beruhigend auf Magen und Darm wirken auch bestimmte Tees. Bestes Beispiel: Kümmeltee.

Dürfen auch Kinder Vollwertkost essen?

15

Nichts spricht dagegen. In jedem Fall aber müssen Kinder wegen ihres erhöhten Kalzium-Bedarfs (wichtig für den Knochenaufbau) viel Milch und Milchprodukte bekommen. Und man sollte sie in keinem Fall zur ausschließlichen Vollwerternährung zwingen. Sie haben einfach Lust und Neugier auf andere Dinge wie Süßigkeiten, Pommes frites, Hamburger, Ketchup usw. Wird dies ihnen auf Dauer verboten, werden sie mit Sicherheit auch die Vollwerternährung ablehnen – schon aus Opposition. Im übrigen verändert sich ja auch bei Kindern der Geschmack im Laufe der Jahre und sie werden die Vollwerternährung als etwas Schmackhaftes akzeptieren.

16 Ist Honig besser als Zucker?

Im Gegensatz zum Haushaltszucker, der keine Vitamine, Mineralstoffe, Eiweiß oder Fette liefert, enthält Honig winzige Mengen an Vitaminen und Mineralstoffen. Sie sind für den Menschen aber ziemlich unbedeutend. Die heilende Wirkung des Honigs wird den organischen Säuren und Enzymen zugeschrieben, die in ihm stecken. Honig besteht zu rund 80 Prozent aus Glukose und Fruktose (Frucht- und Traubenzucker) und zu 19 Prozent aus Wasser und ist damit nur bedingt gesünder als Zucker. Vollwertköstler und Mediziner empfehlen deshalb, insgesamt weniger zu süßen.

17 Muß man auf Süßigkeiten total verzichten?

In Maßen ist alles erlaubt. Aber der statistische Zuckerverbrauch von 100 Gramm pro Tag und Kopf hierzulande ist viel zu hoch. Erschwerend kommt hinzu, daß Haushaltszucker (auch brauner Zucker) zum Beispiel Vitamin B_1 verbraucht, um abgebaut zu werden. Vitamin B_1 ist aber ein ganz wichtiges Vitamin, denn es stärkt die Nerven, die Widerstandskräfte und den Kohlenhydratstoffwechsel (wichtig für die Energie).

18 Ist Meersalz normalem Salz vorzuziehen?

Meersalz enthält im Gegensatz zum normalen Salz winzige Mengen anderer Mineralsalze, nämlich 3 bis 7 Prozent Mineralstoffe und Spurenelemente. Besser ist es deshalb nicht und sollte nur sparsam verwendet werden. Denn in jedem Fall treibt zuviel Salz den Blutdruck in die Höhe. Meersalz wird aber teurer als anderes Salz verkauft: 500 Gramm kosten 1,30 bis 3 Mark, 500 Gramm Speisesalz dagegen nur 0,30 bis 1 Mark.

19 Ist Alkohol in der Vollwerternährung verboten?

Bier, Wein und Sekt – also Getränke mit geringem Alkoholgehalt – sind in Maßen erlaubt. Natürlich auch nur dann, wenn man ganz genau weiß, daß keine Schadstoffe drin stecken. Zum Thema Trinken ganz allgemein: Jeder Erwachsene sollte mindestens 1,5 Liter am Tag trinken, vorwiegend natrium- und nitratarmes Mineralwasser, Früchte- und Kräutertees.

20 Wo kauft man Vollwertprodukte?

Inzwischen ist das gar kein Problem mehr, denn in jedem gut sortierten Supermarkt gibt es eine Vollwertecke mit Müslis, Getreide, Vollkornmehlen oder Flocken. Aber natürlich bieten vor allem die Reformhäuser alles an, was in der Vollwertküche benötigt wird.

Und schließlich sind da noch die Bio- oder Naturkostläden, in denen Produkte aus biologischem Anbau verkauft werden. Allerdings sollte man immer kritisch prüfen, was da angepriesen wird, denn nicht alles stammt tatsächlich aus Bio-Anbau (siehe auch »Ist Bio-Kost besonders gesund?« auf Seite 154).

21 Ist die Vollwertkocherei nicht sehr umständlich?

Wenn man sich erst einmal daran gewöhnt hat, alles von Grund auf selbst zu kochen – dann nicht. Sicher wird die Zubereitung insgesamt etwas zeitaufwendiger. Aber es gibt auch viele Fertigprodukte, die das Kochen erleichtern und schneller machen: etwa Gemüsebrühen, Vollkornnudeln, Vollkornblätterteig oder Gemüsepasten. Und zeitknappe Berufstätige können auf Bratlingsmischungen aus Soja oder Getreide, auf Sojawürstchen oder gar auf fertige Vollwertsuppen oder -eintöpfe zurückgreifen.

22 Worauf muß man beim Vollwertkochen vor allem achten?

Ideal ist es, wenn Gemüse sofort nach dem Einkauf zubereitet wird, denn alles soll ja so frisch wie möglich verwendet werden. Berufstätige haben aber oft nicht diese Möglichkeit. Damit nicht noch mehr Vitamine verlorengehen, ist es besonders wichtig, z.B. Gemüse so schonend wie möglich zuzubereiten. Also nur grob zerkleinern und in wenig Wasser kurz garen. Noch schonender ist Dämpfen – dafür gibt's spezielle Dämpfeinsätze.

23 Braucht man spezielle Küchengeräte?

Eigentlich nicht, es sei denn, das Getreide soll selbst gemahlen werden (inzwischen kann man das nämlich auch in vielen Reformhäusern oder Bioläden machen lassen). Dann empfiehlt sich natürlich eine elektrische Getreidemühle. Noch praktischer ist eine elektrische Küchenmaschine – da hat man Mixer, Rühr- und Knetgerät, Rohkostreibe und Getreidemühlenaufsatz in einem. Eine große Hilfe in der Vollwertküche sind auch Entsafter, Zitruspresse, ein Pürierstab, ein Schnellkochtopf und – für Nudelfans – eine Nudelmaschine.

24 Nimmt man mit Vollwerternährung ab?

Wenn man sich lange Zeit vollwertig ernährt, ganz gewiß. Weil ja weniger Fette verzehrt, aber mehr Ballaststoffe aufgenommen werden. Und die machen zwar satt, aber nicht dick. Außerdem verzichten Vollwertköstler ja auf Dickmacher wie Süßigkeiten und Alkohol.

25 Kann Vollwerternährung Krankheiten heilen?

Nein. Aber sie kann vorbeugen. Immerhin ist falsche und einseitige Ernährung – zuviel Fett, Zucker, Salz, aber zuwenig Gemüse, Obst und Getreide – schuld an vielen Zivilisationskrankheiten wie zum Beispiel Übergewicht, Karies, Gicht, Herz- und Kreislauferkrankungen.

Kerniges für das Frühstück

Zum richtigen Vollwertfrühstück gehört natürlich das kernige Müsli. Aber in diesem Kapitel finden Sie neben Müslirezepten auch noch andere köstliche Anregungen für die erste Mahlzeit des Tages

Weizenkorn-Müsli mit Erdbeeren

(3 Portionen)

150 g Weizenkörner
¼ l naturtrüber Apfelsaft
250 g Sahnedickmilch
1 EL Zitronensaft
1 EL Honig
4 EL Hirseflocken
500 g Erdbeeren
einige Blättchen Zitronenmelisse

Weizenkörner abspülen, in Apfelsaft aufkochen und über Nacht ausquellen lassen. Dickmilch mit Zitronensaft und Honig verrühren, abgetropfte Körner und Hirseflocken unterheben. Erdbeeren putzen, waschen, halbieren und auf das Müsli geben. Mit Zitronenmelisse anrichten.

Pro Portion ca. 445 Kalorien/ 1869 Joule, 10 g Eiweiß, 8 g Fett, 35 g Kohlenhydrate

Fruchtig: Gehaltvolles Müsli mit ganzen Weizenkörnern, Hirseflocken, Sahnedickmilch und vielen frischen Erdbeeren

Würzig: Brötchen mit eingebackenen Zwiebeln

Zwiebelbrötchen mit Hirseflocken

(12 Stück)

5 Zwiebeln (150 g)
2 El Olivenöl

Für den Teig:

350 g Weizenvollkornmehl
150 g Hirseflocken
1 Würfel frische Hefe
1 TL Kräutersalz
1 Becher Vollmilchjoghurt (150 g)
2 EL Vollmilch

Zwiebeln abziehen, fein würfeln und im heißen Öl andünsten, abkühlen lassen. Alle Teigzutaten – bis auf die Milch – mischen. Zwiebeln und ⅛ Liter lauwarmes Wasser zufügen und zu einem glatten Teig verkneten. Den Teig 30 Minuten an einem warmen Ort gehen lassen. Anschließend 12 Brötchen formen und auf ein mit Backpapier ausgelegtes Backblech legen. Die Brötchen kreuzweise einschneiden, mit Milch bestreichen und nochmals 10 Minuten gehen lassen. Im Backofen (E-Herd: 200 Grad; Gasherd: Stufe 3) 20 bis 25 Minuten backen.

Pro Stück ca. 185 Kalorien/
777 Joule, 6 g Eiweiß, 3 g Fett,
33 g Kohlenhydrate

DER EXTRA-TIP

Statt der Zwiebeln können auch frische oder getrocknete Kräuter mitgebacken werden. Geeignet sind Petersilie, Schnittlauch, Thymian und Basilikum. Übrigens: Die Brötchen lassen sich gut für den Vorrat einfrieren.

Cremig: Avocadomus mit Sonnenblumenkernen

Avocadomus

(4 Portionen)

2 Avocados (à 200 g)
1 EL Zitronensaft
75 g Doppelrahmfrischkäse
Kräutersalz, Pfeffer
1 Prise Zucker
1 Knoblauchzehe
1 Bund Petersilie
2 EL Sonnenblumenkerne

Avocados schälen, vom Kern lösen und das Fruchtfleisch zusammen mit dem Zitronensaft pürieren. Frischkäse und Gewürze unterrühren. Knoblauch abziehen und dazupressen. Petersilie fein hacken, unterheben. Sonnenblumenkerne in einer Pfanne ohne Fett rösten und über das Avocadomus streuen. Das Mus schmeckt als Brotaufstrich.

Pro Portion ca. 356 Kalorien/ 1495 Joule, 6 g Eiweiß, 33 g Fett, 6 g Kohlenhydrate

Wichtig beim Avocadomus:

Geschälte Früchte verfärben sich schnell braun. Das Fruchtfleisch deshalb sofort mit Zitronensaft beträufeln und erst dann pürieren.

Frisch: Melone mit einer Quarkfüllung

Gefüllte Melone

(2 Portionen)

1 Netz- oder Ogenmelone (650 g)
2 EL Sesamsamen
250 g Magerquark
3 EL Sandornkonzentrat
2 EL Honig

Melone halbieren, Kerne herauslösen. Sesam in einer Pfanne ohne Fett rösten. Quark mit Sandornkonzentrat und Honig verrühren und in die Melonenhälften füllen. Mit Sesamsamen bestreuen.

Pro Portion ca. 298 Kalorien/1252 Joule, 9 g Eiweiß, 9 g Fett, 27 g Kohlenhydrate

DAS EXTRA-REZEPT

Sandorn-Milch-Mix

(1 Glas, 0,2 l; ohne Foto)

2 EL Sandornsaft mit Honig (Reformhaus)
⅛ l Vollmilch
einige Blätter Zitronenmelisse

Sandornsaft und Milch mischen, mit Zitronenmelisse anrichten.

Ca. 195 Kalorien/819 Joule, 4 g Eiweiß, 4 g Fett, 21 g Kohlenhydrate

Knackig: Brot mit Ei und Paprika

Eibrot
(1 Portion)

2 Scheiben Vollkornbrot (à 50 g)
1 EL Butter oder Margarine
1TL Hefeextraktpaste (Reformhaus)
1 rote Paprikaschote (200 g)
1 hartgekochtes Ei
1 Bund Schnittlauch

Brotscheiben mit Fett und Hefeextraktpaste bestreichen. Paprikaschote putzen, waschen, in Streifen schneiden, auf einer der Brotscheiben verteilen. Ei pellen, in Scheiben schneiden und auf die Paprika geben. Mit Schnittlauchröllchen bestreuen, die zweite Brotscheibe darauflegen.

Ca. 442 Kalorien/1856 Joule,
15 g Eiweiß, 21 g Fett,
51 g Kohlenhydrate

DER EXTRA-TIP

Ob rot, grün oder gelb – Paprikaschoten sind eines der vitaminreichsten Gemüse. Sie strotzen geradezu vor Vitamin C: allein 139 mg davon stecken in 100 Gramm Paprika. Außerdem die Vitamine A, E und B_1.

Aprikosen-Nuß-Aufstrich

(4 Portionen)

200 g getrocknete Aprikosen ungeschwefelt)
⅛ l Aprikosensaft (Reformhaus)
20 g gehackte Mandeln
20 g gehackte Pistazien
3 TL Zitronensaft

Aprikosen abspülen und trockentupfen. Fein würfeln und in den Aprikosensaft geben. Zugedeckt über Nacht an einem kühlen Ort quellen lassen. Aprikosen pürieren und mit den Nüssen und Zitronensaft verrühren. Der Aufstrich schmeckt zum Frühstück auf Vollkornbrot oder zu Pfannkuchen.

Pro Portion ca. 238 Kalorien/ 998 Joule, 4 g Eiweiß, 3 g Fett, 41 g Kohlenhydrate

DER EXTRA-TIP

Für den süßen Brotaufstrich sind auch andere Trockenfrüchte geeignet, z.B. Äpfel oder Birnen. Gesüßt wird dann mit Apfel- oder Birnenkraut. Wer es gern exotisch mag, püriert getrocknete Datteln mit Zitronensaft und rührt darunter gehackte Feigen.

Kernig: Müsli mit Weintrauben und Äpfeln

Müsli mit Obst

(4 Portionen)

80 g Leinsamen
80 g Weizenkörner
4 Orangen (à 200 g)
300 g Weintrauben
2 Äpfel (à 200 g)
400 g Dickmilch
Saft 1 Zitrone
2 EL Honig
40 g Maisflocken

Leinsamen und Weizenkörner in der Getreidemühle grob schroten. Zwei Orangen dick schälen und filieren. Die Weintrauben waschen, halbieren und entkernen. Die Äpfel gründlich waschen und auf einer Rohkostreibe grob raspeln. Die restlichen Orangen auspressen und mit der Dickmilch, Zitronensaft und Honig verrühren, Getreide und Obst mischen, Soße darübergeben und mit Maisflocken bestreuen.

Pro Portion ca. 440 Kalorien/ 1848 Joule, 17 g Eiweiß, 10 g Fett, 67 g Kohlenhydrate

Wichtig beim Müsli:

Nur ungespritztes Obst verwenden. Äpfel waschen und auf einer Reibe grob raspeln. Dabei so vorgehen, daß nur noch das Kerngehäuse übrigbleibt.

Kroß: Vollkornhörnchen mit Sesam

Vollkornhörnchen

(10 Stück)

75 g Weizenkörner
250 g Roggenmehl (Type 1150)
150 g Weizenvollkornmehl
50 g Gerstenflocken
1 TL Kräutersalz
½ Würfel frische Hefe (21 g)
1 TL Honig
1 Paket Natursauerteig (150 g)
1 EL Sesamsamen
1 EL grobes Meersalz

Weizenkörner abspülen und in Wasser einmal aufkochen. Abgießen und 40 Minuten ausquellen lassen. Mehl und Gerstenflocken mit Kräutersalz mischen, in die Mitte eine Mulde drücken. Hefe und Honig in ½ Tasse lauwarmem Wasser auflösen, in die Mulde geben und 10 Minuten gehen lassen. Weizenkörner, Sauerteig und ca. 250 ml lauwarmes Wasser zufügen und zu einem glatten Teig verkneten. Weitere 40 Minuten gehen lassen. Aus dem Teig 10 Hörnchen formen und auf ein Backblech legen. Mit Wasser bestreichen, mit Sesamsamen und Salz bestreuen. Im Backofen (E-Herd: 200 Grad, Gas-Herd: Stufe 3) 25 bis 30 Minuten backen.

Pro Stück ca. 192 Kalorien/
806 Joule, 7 g Eiweiß, 2 g Fett,
36 g Kohlenhydrate

DAS EXTRA-REZEPT

Wenn Sie Sauerteig selbst herstellen wollen: 21 g (½ Würfel) frische Hefe in eine Schüssel bröckeln. ½ Liter lauwarmes Wasser zugießen. Die Hefe darin unter Rühren auflösen. 300 g Weizenmehl zugeben, verrühren und drei Tage bei Zimmertemperatur stehenlassen.

Schnell:
Müsli mit Quark, Nüssen und Kiwi

Quarkmüsli
(1 Portion)

125 g Quark (20% Fett)
5 EL Vollmilch
1 TL Zitronensaft, 1 TL Ahornsirup
1 EL Weizenkeime
25 g gemahlene Haselnüsse
1 Kiwi

Quark mit Milch, Zitronensaft und Ahornsirup verrühren. Weizenkeime und Nüsse zufügen. Kiwi schälen, in Scheiben schneiden und auf den Quark geben.

Ca. 452 Kalorien/1898 Joule, 25 g Eiweiß, 24 g Fett, 34 g Kohlenhydrate

DAS EXTRA-REZEPT

Fruchtmüsli
(1 Portion; ohne Foto)

50 g Trockenobstmischung
40 g kernige Haferflocken
1 TL Honig, ½ Banane (100 g)
0,2 l Vollmilch

Obst kleinschneiden und mit Haferflocken und Honig mischen. Banane in der Milch pürieren und darübergießen.

Ca. 508 Kalorien/2126 Joule, 13 g Eiweiß, 10 g Fett, 95 g Kohlenhydrate

Rührei mit Pilzen

(1 Portion)

2 Eier
Kräutersalz
Pfeffer
Muskatnuß
1 EL Sesamsamen
125 g Champignons
1 TL Öl
1 Bund Schnittlauch
1 Scheibe Vollkornschrotbrot (50 g)

Eier mit 2 Eßlöffel Wasser und Gewürzen verquirlen. Sesam zufügen. Champignons putzen, waschen, in Scheiben schneiden. Im heißen Öl 2 Minuten andünsten. Ei darübergeben, stocken lassen. Mit Schnittlauchröllchen bestreuen. Rührei mit Pilzen auf das Brot geben.

Ca. 362 Kalorien/1520 Joule,
24 g Eiweiß, 16 g Fett,
28 g Kohlenhydrate

DAS EXTRA-REZEPT

Gemüse-Kräuter-Mix

(1 Glas, 0,25 l; ohne Foto)

200 ml Gemüsesaft
je ½ Bund Petersilie, Dill und Schnittlauch
1 TL Hefewürzflocken (Reformhs.)
Knoblauchpulver

Gemüsesaft mit feingehackten Kräutern, Hefewürzflocken und Knoblauchpulver pürieren.

Ca. 195 Kalorien/819 Joule,
4 g Eiweiß, 1 g Fett,
18 g Kohlenhydrate

Dreikornbrot

(30 Scheiben)

100 g Weizenkörner
1 kg Weizenmehl (Type 1050)
1½ Würfel frische Hefe (63 g)
50 g Leinsamen
50 g Sonnenblumenkerne
3 EL Dickmilch
1 Ei
2 TL Kräutersalz
100 g Butter oder Margarine
¼ l Vollmilch

Die Weizenkörner in kaltem Wasser einweichen und etwa 8 Stunden quellen lassen. Mehl und restliche Zutaten mischen. Lauwarme Milch langsam dazugeben und die Masse zu einem glatten Teig verkneten. Zugedeckt an einem warmen Ort 30 Minuten gehen lassen. Anschließend gut durchkneten und zu einem Brotlaib formen. Auf ein mit Backpapier ausgelegtes Backblech legen und weitere 15 Minuten gehen lassen. Mit Wasser bestreichen und im Backofen (E-Herd: 175 Grad; Gasherd: Stufe 2) 60 bis 70 Minuten backen. Eventuell mit Pergamentpapier abdecken.

Pro Scheibe ca. 180 Kalorien/ 756 Joule, 6 g Eiweiß, 5 g Fett, 26 g Kohlenhydrate

Wichtig beim Brotbacken:

Besonders aromatisch wird der Teig mit ganz frisch gemahlenem Mehl. Mit der Getreidemühle lassen sich aber auch Nüsse und Hülsenfrüchte mahlen.

Zimtig: Sahnereis mit Himbeeren

Himbeerreis
(1 Portion)

30 g Vollkornreis
½ Becher Vollmilchjoghurt (75 g)
3 EL saure Sahne
1 EL Zitronensaft
1 EL Honig
125 g frische Himbeeren
einige Blättchen Zitronenmelisse
½ TL Zimt

Reis 20 Minuten in Wasser garen, abgießen. Joghurt und saure Sahne unterrühren. Mit Zitronensaft und Honig abschmecken. Himbeeren verlesen, waschen, auf den Reis geben. Mit Zitronenmelisse anrichten, Zimt daraufgeben.

Ca. 337 Kalorien/1415 Joule,
7 g Eiweiß, 10 g Fett,
55 g Kohlenhydrate

DAS EXTRA-REZEPT

Traubendrink
(1 Glas, 0,25 l; ohne Foto)

⅛ l roter Traubensaft
½ Tasse frisch gepreßter Orangensaft
1 TL Sonnenblumenkerne

Säfte mit den Sonnenblumenkernen im Mixer oder mit dem Schneidstab des Handrührgerätes pürieren.

Ca. 174 Kalorien/731 Joule,
3 g Eiweiß, 3 g Fett,
21 g Kohlenhydrate

Müslizopf

(20 Scheiben)

425 g Weizenvollkornmehl
50 g kernige Haferflocken
30 g Leinsamen
100 g brauner Zucker
1 Würfel frische Hefe (42 g)
⅛ l Vollmilch
100 g Butter oder Margarine
1 Ei
2 EL Vollmilchjoghurt
40 g Sonnenblumenkerne
75 g Sultaninen
40 g gehackte Haselnüsse
2 EL Leinsamen
4 hartgekochte Eier

Mehl, Haferflocken, Leinsamen und Zucker mischen. Zerbröckelte Hefe zugeben. Milch und Fett erwärmen und mit dem Mehl und der Hefe verkneten. Ei und Joghurt unterkneten und den Teig an einem warmen Ort 30 Minuten gehen lassen. Sonnenblumenkerne, Sultaninen und Haselnüsse unterkneten. Teig dritteln und aus jedem Drittel eine Rolle von 40 cm Länge drehen. Die drei Teigstränge zu einem Zopf flechten, Enden nach innen einschlagen. Mit Wasser bestreichen und mit Leinsamen bestreuen. Weitere 20 Minuten gehen lassen. Für die Eier Mulden in den Teig drücken. Im Backofen (E-Herd: 200 Grad; Gasherd: Stufe 3) 30 bis 40 Minuten backen. Eventuell mit Pergamentpapier abdecken. Den Zopf abkühlen lassen, die Eier pellen und in die Mulden setzen.

Pro Scheibe ca. 193 Kalorien/
812 Joule, 7 g Eiweiß, 2 g Fett,
36 g Kohlenhydrate

Verlockend:
Müsli aus Joghurt, Flocken, Kernen und Apfelsinen

Haferflockenmüsli

(1 Portion)

50 g kernige Haferflocken
1 EL Kürbiskerne
25 g gehackte Mandeln
1 Becher Vollmilchjoghurt (150 g)
1 TL Ahornsirup
1 Apfelsine

Haferflocken mit Kürbiskernen, Mandeln, Joghurt und Ahornsirup mischen. Apfelsine schälen, in kleine Stücke schneiden und daraufgeben.

Ca. 584 Kalorien/2452 Joule,
19 g Eiweiß, 30 g Fett,
73 g Kohlenhydrate

DAS EXTRA-REZEPT

Joghurt-Kräuter-Drink

(2 Gläser, à 0,25 l; ohne Foto)

1 Salatgurke
1 Becher Sahnejoghurt (150 g)
1 Kästchen Kresse
Kräutersalz

Gurke schälen, grob zerkleinern. Joghurt und Kresse zufügen, pürieren. Mit Kräutersalz abschmecken.

Pro Glas ca. 117 Kalorien/
491 Joule, 4 g Eiweiß, 8 g Fett,
6 g Kohlenhydrate

Roggenbrot mit Leinsamen

(25 Scheiben)

50 g Roggenkörner
500 g Weizenvollkornmehl
400 g Roggenmehl (Type 1150)
1 Würfel frische Hefe (42 g)
1 TL Honig
1 Paket Natursauerteig (150 g)
140 g Leinsamen
1 TL Kräutersalz

Roggenkörner abspülen, in Wasser aufkochen und über Nacht ausquellen lassen. In das Mehl eine Mulde drücken, Hefe und Honig in 2 Eßlöffel lauwarmem Wasser auflösen, mit etwas Mehl verrühren, in die Mulde geben und 10 Minuten gehen lassen. Sauerteig zufügen und zu einem glatten Teig verkneten. Leinsamen und Roggenkörner zugeben und unterkneten. Weitere 40 Minuten gehen lassen. Einen Weidenkorb mit etwas Mehl ausstreuen. Teig hineingeben und nochmals 30 Minuten gehen lassen. Den Teig aus dem Korb auf ein gefettetes Backblech stürzen. Im Backofen (E-Herd: 200 Grad; Gasherd: Stufe 3) 55 bis 60 Minuten backen.

Pro Scheibe ca. 159 Kalorien/ 668 Joule, 7 g Eiweiß, 3 g Fett, 26 g Kohlenhydrate

Wichtig beim Brotbacken:

Damit das Brot eine schöne Form bekommt, kann der Teig in einem bemehlten Korb gehen. Vor dem Backen wird der Laib aufs Blech gestürzt.

Warmes für den großen Appetit

Gemüse spielt die Hauptrolle bei den warmen Gerichten. Es wird gefüllt und überbacken, kommt in Klöße und Puddinge, auf Pies und Quiches. Darüber hinaus gibt's Raffiniertes mit Tofu, Nudeln, Eiern, Polenta und Fisch

Gefüllte Paprikaschoten

(4 Portionen)

2 rote, 2 gelbe Paprikaschoten (à 200 g)
1 Bund Suppengemüse
1 Zwiebel
20 g Butter oder Margarine
80 g Vollkornreis
100 g Emmentaler
1 Bund Petersilie
Kräutersalz, Pfeffer
2 EL Olivenöl
200 ml Gemüsebrühe (Würfel/Instant)
1–2 EL Tomatenmark

Paprikaschoten waschen, einen Deckel abschneiden und die Kerne herauslösen. Suppengemüse putzen, waschen, kleinschneiden. Zwiebel abziehen, fein würfeln. Das kleingeschnittene Gemüse im heißen Fett andünsten. Reis in 160 ml Wasser kochen und ausquellen lassen. Mit dem Gemüse vermischen. Käse grob raspeln, Petersilie hacken und alles zur Reismischung geben. Würzen und in die Paprikaschoten füllen. Paprikaschoten im heißen Öl andünsten, Brühe angießen, Tomatenmark einrühren. 20 Minuten schmoren lassen.

Pro Portion ca. 200 Kalorien/ 840 Joule, 11 g Eiweiß, 12 g Fett, 29 g Kohlenhydrate

Saftig: Die Paprikaschoten werden mit Vollkornreis, kleingeschnittenem Suppengemüse und geriebenem Emmentaler gefüllt und geschmort

Sättigend: mit Hirse, Käse und Schlagsahne

Hirse-Spitzkohl-Auflauf

(4 Portionen)

200 g Hirse
0,4 l Gemüsebrühe (Würfel/Instant)
1 Spitzkohl (1,2 kg)
2 EL Butter oder Margarine
Salz, Pfeffer, Paprikapulver
100 g geriebener Gouda
Fett für die Form
1 Becher Schlagsahne (250 g)

Hirse kalt abspülen, abtropfen lassen. Brühe zum Kochen bringen, Hirse einstreuen und 10 Minuten bei schwacher Hitze kochen. Herdplatte ausschalten und die Hirse 30 Minuten ausquellen lassen. Spitzkohl putzen, vierteln, in Streifen schneiden und waschen. Im heißen Fett andünsten und würzen. Hirse, Kohl und Käse abwechselnd in eine gefettete Auflaufform schichten. Sahne angießen. Im Backofen (E-Herd: 200 Grad; Gasherd: Stufe 3) 30 bis 35 Minuten garen.

Pro Portion ca. 636 Kalorien/
2670 Joule, 20 g Eiweiß, 37 g Fett,
48 g Kohlenhydrate

DER EXTRA-TIP

Hirse hat ein großes Quellvermögen. Deshalb immer einen großen Topf nehmen und nicht mit Flüssigkeit sparen: Man rechnet 1:4, also für eine Tasse Körner – vier Tassen Wasser. Wichtig ist es auch, Hirse vor dem Kochen gründlich zu spülen.

Kartoffel-Krabben-Pfanne

(3 Portionen)

750 g Pellkartoffeln
3 EL Butterschmalz
2 Bund Lauchzwiebeln
300 g Austernpilze
200 g Krabbenfleisch
Kräutersalz, Cayennepfeffer
1 Becher Crème fraîche (150 g)
1 Bund Petersilie

Kartoffeln pellen, in Scheiben schneiden. Im heißen Fett knusprig braun braten. Lauchzwiebeln putzen, waschen und in Ringe schneiden. Austernpilze putzen, eventuell klein schneiden. Beides zu den Kartoffeln geben und mitdünsten. Krabbenfleisch zufügen und kurz darin erhitzen, würzen. Crème fraîche mit gehackter Petersilie verrühren. Zur Kartoffelpfanne reichen.

Tip: Wenn Sie keine Krabben mögen, können Sie ein Rührei mit Kräutern dazu essen.

Pro Portion ca. 470 Kalorien/ 1975 Joule, 25 g Eiweiß, 32 g Fett, 63 g Kohlenhydrate

DER EXTRA-TIP

Größere Mengen Bratkartoffeln lassen sich problemlos im Backofen zubereiten: Für 6 Portionen 2 kg gekochte Kartoffeln in Scheiben schneiden, auf das gut geölte Blech legen, mit Gewürzen und Zwiebeln bestreuen und 40 Minuten braten (E-Herd: 200 Grad; Gasherd: Stufe 4).

Cremig: mit viel Mozzarella überbacken

Auberginen-Kartoffel-Auflauf

(6 Portionen)

2 Auberginen (à 250 g)
Salz
5 EL kaltgepreßtes Olivenöl
2 Zwiebeln
2 Knoblauchzehen
500 g Tomaten
1 Bund Basilikum
Kräutersalz, Pfeffer
1 kg Kartoffeln
300 g Mozzarella
Fett für die Form

Auberginen putzen, in Scheiben schneiden. Mit Salz bestreuen und 10 Minuten ziehen lassen. Mit Küchenkrepp das austretende Wasser abtupfen. Die Scheiben in 3 EL heißem Öl nacheinander braten. Zwiebeln und Knoblauch abziehen, würfeln und im restlichen Öl andünsten. Tomaten waschen, achteln, zufügen und 25 Minuten bei schwacher Hitze einkochen. Durch ein Sieb streichen. Basilikum kleinschneiden, zufügen, würzen. Kartoffeln schälen, in Scheiben schneiden, in kochendem Salzwasser 5 Minuten blanchieren. Mozzarella in Scheiben schneiden. Eine Auflaufform ausfetten und die gesamten Zutaten abwechselnd einschichten. Mit Käse und Tomatensoße abschließen. Im Backofen (E-Herd: 200 Grad; Gasherd: Stufe 3) 40 Minuten garen.

Pro Portion ca. 375 Kalorien/ 1575 Joule, 16 g Eiweiß, 10 g Fett, 31 g Kohlenhydrate

Risotto mit Pilzen
(4 Portionen)

200 g Roséchampignons
150 g Austernpilze
150 g Porree
1 Zwiebel
1 rote Paprikaschote
2 EL kaltgepreßtes Olivenöl
300 g Naturreis (Rundkorn)
½ l Gemüsebrühe
1 Lorbeerblatt, Salz, Pfeffer
50 g Parmesankäse
1 Bund Basilikum

Pilze putzen und in Scheiben schneiden. Porree putzen, waschen, in Ringe schneiden. Zwiebel abziehen, würfeln. Paprikaschote putzen, waschen, in Streifen schneiden. Zwiebel im heißen Öl andünsten. Pilze, Gemüse und Reis zugeben und mit andünsten. Brühe angießen, Lorbeerblatt zufügen und zusammen bei schwacher Hitze 40 bis 45 Minuten garen. Würzen. Den Parmesankäse reiben und mit dem kleingeschnittenen Basilikum über das Risotto geben.

Pro Portion ca. 425 Kalorien/ 1785 Joule, 52 g Eiweiß, 11 g Fett, 64 g Kohlenhydrate

Wichtig beim Risotto:

Zuerst werden alle Zutaten in heißem Olivenöl angedünstet. Die Reiskörner müssen glasig aussehen – erst dann wird die Flüssigkeit angegossen.

Bunt: Spinat und Paprikamark bringen Farbe

Bunte Käsespätzle

(4 Portionen)

Für die roten Spätzle:

250 g Weizenvollkornmehl
3 Eier
½ TL Kräutersalz
2 EL Paprikamark

Für die grünen Spätzle:

1 Paket tiefgefrorener Spinat (150 g)
250 g Weizenvollkornmehl
3 Eier
½ TL Kräutersalz

Außerdem:

200 g Emmentaler
250 g Zwiebeln
20 g Butter oder Margarine

Alle Zutaten für die roten Spätzle miteinander verkneten, dabei ca. 75 ml kaltes Wasser zugeben. Für die grünen Spätzle den Spinat auftauen, gut ausdrücken und mit den übrigen Zutaten verkneten. Die Teige getrennt voneinander mit einer Spätzlepresse oder mit einem Messer von einem nassen Brett in kochendes Salzwasser schaben. Einige Minuten gar ziehen lassen, bis die Spätzle an die Wasseroberfläche steigen. Zwiebeln abziehen, in dünne Scheiben schneiden, im heißen Fett braun braten. Käse reiben und zusammen mit den Zwiebeln zu den Spätzle geben.

Pro Portion ca. 858 Kalorien/ 3604 Joule, 41 g Eiweiß, 28 g Fett, 100 g Kohlenhydrate

Brot-Käse-Klöße

(4 Portionen)

150 g mittelalter Gouda
100 g Vollkornbrot
1 Zwiebel
1 Bund Schnittlauch
200 g Doppelrahmfrischkäse
3 EL gemahlene Haselnüsse
1 Ei
Kräutersalz, Pfeffer, Paprikapulver

Für die Soße:
40 g Butter oder Margarine
30 g Weizenmehl (Type 1050)
¼ l Vollmilch
¼ l Gemüsebrühe (Würfel/Instant)
Kräutersalz, Zitronensaft
2 EL Kapern

Käse und Brot im Universalzerkleinerer grob mahlen. Zwiebel abziehen, fein würfeln. Schnittlauch in Röllchen schneiden. Alles mit Frischkäse, Nüssen, Ei und Gewürzen verkneten. Mit feuchten Händen aus dem Teig zwölf Klößchen formen. Für die Soße Fett schmelzen, Mehl einrühren. Milch und Brühe unter Rühren nach und nach zufügen. Die Soße 3 Minuten kochen, dabei ab und zu umrühren. Mit Kräutersalz und Zitronensaft abschmecken, Kapern zugeben. Die Klößchen in der nicht mehr kochenden Soße 5 Minuten ziehen lassen. Dazu schmeckt besonders gut Vollkornreis.

Pro Portion ca. 574 Kalorien/
2410 Joule, 22 g Eiweiß, 41 g Fett,
23 g Kohlenhydrate

Scharf: An das Ananasgemüse kommt Chili

Kabeljau in scharfem Ananasgemüse

(4 Portionen)

1,5 kg Kabeljausteaks
Saft einer Zitrone
Kräutersalz, Pfeffer
½ frische Ananas (500 g)
800 g Porree
2 EL Öl
1 Stück frischer Ingwer
2 getrocknete Chilischoten
1 Msp. Nelkenpulver

Fisch waschen, mit Zitronensaft beträufeln und würzen. Ananas schälen, das harte Mittelstück herausschneiden und das Fruchtfleisch in Stücke schneiden. Porree putzen, waschen, in Ringe schneiden. Öl erhitzen, Ananas und Porree darin andünsten. Ingwer schälen, fein würfeln. Mit den in Ringe geschnittenen Chilischoten und dem Nelkenpulver zum Gemüse geben, den Fisch darauflegen. Im geschlossenen Topf bei schwacher Hitze 30 bis 40 Minuten gar ziehen lassen. Dazu schmeckt Vollkornreis.

Pro Portion ca. 310 Kalorien/ 1302 Joule, 64 g Eiweiß, 6 g Fett, 28 g Kohlenhydrate

Bohnenpudding mit Sesamkruste

(4 Portionen)

1 kg grüne Bohnen
Kräutersalz
1½ Becher Schlagsahne (300 g)
4 Eier
2 EL Roggenmehl (Type 1700)
Pfeffer
2 EL Sesamsamen
Fett für die Förmchen
100 g Gorgonzola (oder ein anderer Blauschimmelkäse)

Bohnen putzen, waschen und in Salzwasser 15 Minuten garen. Abgießen und mit dem Schneidstab des Handrührgerätes pürieren. 50 g Sahne, Eier und Mehl unterrühren, würzen. Sesam ohne Fett rösten. Vier Förmchen oder Tassen ausfetten und mit Sesam ausstreuen. Bohnenmasse einfüllen und die Förmchen im Wasserbad im Backofen (E-Herd: 200 Grad; Gasherd: Stufe 3) etwa 45 Minuten garen. Pudding etwas abkühlen lassen, mit einem Messer vom Rand lösen und auf Teller stürzen. Für die Soße restliche Sahne aufkochen, den entrindeten Käse darin auflösen und cremig einkochen. Soße zum Bohnenpudding essen.

Pro Portion ca. 571 Kalorien/ 2401 Joule, 21 g Eiweiß, 46 g Fett, 27 g Kohlenhydrate

Wichtig beim Pürieren:

Damit sich die grünen Bohnen gut pürieren lassen, müssen vor dem Kochen sorgfältig alle Fäden mit einem Messer abgezogen werden.

Tomaten-Zwiebel-Quiche

(8 Stücke)

200 g Weizenvollkornmehl
100 g Butter oder Margarine
1 Ei
Kräutersalz
50 g geriebener Gouda
2 EL Paniermehl
350 g Zwiebeln
1 Knoblauchzehe
5 EL Öl
400 g Tomaten
Pfeffer
15 schwarze, entsteinte Oliven
½ Bund Basilikum

Mehl, Fett, Ei und Kräutersalz zu einem glatten Teig verkneten. Im Kühlschrank 30 Minuten ruhen lassen. Eine Pie- oder Springform (26 cm ∅) mit dem Teig auslegen, einen kleinen Rand hochziehen. Teig mehrmals mit einer Gabel einstechen. Im Backofen (E-Herd: 200 Grad; Gasherd: Stufe 3) 20 Minuten backen. Abkühlen lassen und mit Käse und Paniermehl bestreuen. Zwiebeln und Knoblauch abziehen, fein würfeln. 3 EL Öl erhitzen, beides darin 5 Minuten dünsten, würzen und auf dem Tortenboden verteilen. Tomaten waschen, in Scheiben schneiden, auf die Torte legen. Oliven und das restliche Öl darübergeben. Weitere 15 Minuten im Ofen backen. Abkühlen lassen und mit Basilikumblättern anrichten.

Pro Stück ca. 359 Kalorien/
1507 Joule, 7 g Eiweiß, 21 g Fett,
27 g Kohlenhydrate

Vegetarische Hackspieße
(6 Portionen)

1 Paket Getreidebratlingsmischung (200 g)
3/8 l Wasser, 1 Zwiebel
1 Bund Petersilie
Paprikapulver, edelsüß
1 Zucchini (250 g)
1 rote Paprikaschote (250 g)
100 g Schalotten
4 EL Öl
Für die Vinaigrette:
5 EL Öl
3 EL Weißweinessig
Kräutersalz, Pfeffer
1 EL Ahornsirup, 1 Bund Petersilie
1 Bund Basilikum, 2 EL Sesamsamen

Bratlingsmischung mit Wasser verrühren, 10 Minuten quellen lassen. Zwiebel abziehen, würfeln und mit der gehackten Petersilie zum Getreide geben. Mit Paprikapulver abschmecken und kleine Bällchen formen. Gemüse in Stücke schneiden. Schalotten abziehen. Bällchen und Gemüse auf 6 Spieße stecken. Im heißen Öl braten. Öl, Essig, Gewürze und Sirup verrühren. Kräuter fein hacken, zugeben. Sesam in einer Pfanne ohne Fett rösten, zufügen. Zu den Spießen essen.

Pro Portion ca. 368 Kalorien/ 1544 Joule, 7 g Eiweiß, 13 g Fett, 32 g Kohlenhydrate

Wichtig bei Zwiebeln:
So schneiden Profis Zwiebel in Würfel: Knolle abziehen, halbieren, längs mehrmals einschneiden, dann quer durchschneiden.

Zweifarbig: aus Spinat und Möhren

Spinat-Möhren-Pudding

(4 Portionen)

60 g Buchweizengrütze
750 g Spinat
2 EL Öl
3 Eier
Kräutersalz, Pfeffer
500 g Möhren
1 Prise Cayennepfeffer

Für die Soße:

100 ml Gemüsebrühe (Würfel/Instant)
100 ml Schlagsahne
100 g Kräuterfrischkäse
Pfeffer

Buchweizengrütze in kaltem Wasser über Nacht ausquellen lassen. Spinat putzen, gründlich waschen und abtropfen lassen. Im heißen Öl zusammenfallen lassen. Grob hacken und gründlich ausdrükken. Abgetropfte Grütze, ein Ei und den Spinat mischen, würzen. Möhren schälen, fein raspeln. Restliche Eier unter die Möhren rühren und würzen. Eine Puddingform mit Deckel (1,4 l Inhalt) ausfetten. Abwechselnd Spinat und Möhrenmasse einfüllen, Form verschließen. In einen großen Topf 1 Liter Wasser füllen, die Form hineinstellen, zum Kochen bringen und 1½ Stunden garen. Für die Soße Brühe und Sahne unter Rühren zum Kochen bringen. Käse darin schmelzen lassen, bei großer Hitze etwas einkochen lassen. Mit Pfeffer abschmecken. Den etwas abgekühlten Pudding aus der Form stürzen, die Soße dazu essen.

Pro Portion ca. 441 Kalorien/ 1852 Joule, 17 g Eiweiß, 27 g Fett, 28 g Kohlenhydrate

Kartoffel-Sauerkraut-Auflauf

(4 Portionen)

400 Kartoffeln
400 g Tomaten
100 g Emmentaler
300 g Sauerkraut
Kräutersalz, Pfeffer
Paprikapulver, edelsüß
200 g Schmand oder saure Sahne
100 ml Schlagsahne
1 Bund Thymian

Kartoffeln waschen und 20 Minuten kochen. Pellen und in Scheiben schneiden. Tomaten waschen und in Scheiben schneiden. Käse reiben. In eine flache, gefettete Auflaufform abwechselnd Sauerkraut, Kartoffeln, Tomaten und Käse einschichten. Die einzelnen Lagen mit Kräutersalz, Pfeffer und Paprika würzen. Schmand mit Sahne und Thymianblättern verrühren und über den Auflauf gießen. Im Backofen (E-Herd: 200 Grad; Gasherd: Stufe 3) 35 Minuten garen.

Pro Portion ca. 388 Kalorien/ 1629 Joule, 13 g Eiweiß, 22 g Fett, 28 g Kohlenhydrate

Würzig:
viel Basilikum und
Petersilie

Kräuter-Lasagne

(4 Portionen)

1 Grundrezept Nudelteig
(siehe EXTRA-TIP)

Für die Füllung:

5 Bund Basilikum
3 Bund Petersilie
4 Knoblauchzehen
500 g Vollmilchjoghurt
Kräutersalz, Pfeffer
450 g Mozzarella
Fett für die Form

Den Teig mit der Nudelmaschine oder von Hand zu dünnen Platten ausrollen. Die einzelnen Platten auf die Größe der Auflaufform zuschneiden. Kräuter grob hacken. Knoblauch abziehen, an den Joghurt pressen, würzen. Mozzarella in Scheiben schneiden. Eine Auflaufform ausfetten, eine Teigplatte hineinlegen, etwas von den Kräutern, einige Käsescheiben und 2 Eßlöffel Joghurtsoße darauf verteilen. Diesen Vorgang so lange wiederholen, bis alle Teigplatten verarbeitet sind. Restliche Joghurtsoße drübergießen. Im Backofen (E-Herd: 200 Grad; Gasherd: Stufe 3) circa 30 bis 35 Minuten garen.

Pro Portion ca. 621 Kalorien/
2608 Joule, 25 g Eiweiß, 48 g Fett,
42 g Kohlenhydrate

DAS EXTRA-REZEPT

Grundrezept Nudelteig

(250 g)

200 g Weizenmehl (Type 1050)
2 Eier, ½ TL Kräutersalz
2 EL Öl

Alle Zutaten mischen und gut verkneten. Den Teig in Frischhaltefolie verpacken und 1 Stunde kühl stellen.

Knusprig: die Bällchen werden fritiert

Kichererbsen-Bällchen

(6 Portionen)

500 g Kichererbsen
2 Zwiebeln
2 Knoblauchzehen
2 EL Weizenmehl (Type 1050)
1 Bund Thymian
6 EL Gemüsebrühe
1 TL Kreuzkümmel
Kräutersalz, Pfeffer
1 kg Fritierfett

Für die Rohkost:

500 g Tomaten, 500 g Möhren
½ Salatgurke, 1 Eisbergsalat

Kichererbsen mit Wasser bedeckt über Nacht einweichen. Zwiebeln und Knoblauch abziehen, kleinschneiden. Zusammen mit den Kichererbsen pürieren. Mehl, Thymian, Brühe und Gewürze zugeben und zu einem glatten Teig verarbeiten. Etwa 24 kleine Bällchen formen. Fett erhitzen und die Bällchen portionsweise darin 8 Minuten fritieren. Abtropfen lassen. Für die Rohkost das Gemüse putzen, waschen, kleinschneiden. Dazu schmeckt eine Tomaten-Crème fraîche.

Pro Portion ca. 610 Kalorien/
2562 Joule, 20 g Eiweiß, 15 g Fett,
95 g Kohlenhydrate

Wichtig beim Fritieren:

Nur Fett verwenden, das sich hoch (über 180 Grad) erhitzen läßt, wie Öl, Butterschmalz oder weißes Pflanzenfett.

Kroß: Kohlrabischeiben kurz gebraten

Gebratene Kohlrabischeiben

(3 Portionen)

2 Kohlrabi (à 400 g)
Kräutersalz
75 g Parmesankäse
2 EL Paniermehl
1 Bund Schnittlauch
2 EL Weizenvollkornmehl
1 Ei
Butter oder Margarine zum Braten

Für die Kräuterpaste:

je 1 Bund Basilikum und Petersilie
30 g gemahlene Mandeln
8 EL kaltgepreßtes Olivenöl
Kräutersalz, Pfeffer

Kohlrabi schälen, in dicke Scheiben schneiden. In Salzwasser 10 Minuten garen. Parmesan fein reiben, mit Paniermehl und Schnittlauchröllchen mischen. Die Scheiben zuerst in Mehl, dann in verschlagenem Ei und zum Schluß in der Käsemischung wenden. Im heißen Fett 3 Minuten braten. Für die Kräuterpaste die Kräuter fein hacken, mit den Mandeln, Öl und Gewürzen verrühren. Kräuterpaste zu den Kohlrabischeiben essen.

Pro Portion ca. 630 Kalorien/ 2646 Joule, 24 g Eiweiß, 46 g Fett, 40 g Kohlenhydrate

Exotisch:
Curry gibt die
Würze

Reiscurry mit Kürbiskernen

(4 Portionen)

200 g getrocknete, ungeschwefelte Aprikosen
1 Bund Lauchzwiebeln
50 g Kürbiskerne
1 EL Butter oder Margarine
200 g Vollreis
2 EL Kürbiskernöl
2 EL Currypulver
½ l Gemüsebrühe (Würfel/Instant)
Kräutersalz, Pfeffer
1 Bund Petersilie

Aprikosen abspülen, abtropfen lassen und kleinschneiden. Lauchzwiebeln putzen, waschen, in Stükke schneiden. Aprikosen, Lauchzwiebeln und Kürbiskerne im heißen Fett 3 Minuten dünsten. Zur Seite stellen. Reis im heißen Öl andünsten, Curry zufügen und kurz mit andünsten. Brühe angießen und den Reis 20 Minuten ausquellen lassen. 5 Minuten vor Garzeitende Aprikosen, Lauchzwiebeln und Kürbiskerne zufügen. Würzen und mit Petersilie anrichten.

Pro Portion ca. 554 Kalorien/ 2326 Joule, 11 g Eiweiß, 18 g Fett, 79 g Kohlenhydrate

DER EXTRA-TIP

Natürlich können Sie für das Reiscurry auch anderes kaltgepreßtes Öl verwenden. Denn das grüne Kürbiskernöl ist nicht gerade billig. Damit es sein Aroma behält, müssen angebrochene Flaschen immer im Kühlschrank aufbewahrt werden.

Rotbarsch auf Tomatengemüse

(4 Portionen)

2 Rotbarsche (à 800 g)
Saft einer Zitrone
Kräutersalz
500 g Auberginen
200 g Okraschoten
4 EL kaltgepreßtes Olivenöl
500 g Tomaten
Cayennepfeffer
1 Bund Basilikum

Fische säubern, mit Zitronensaft beträufeln, mit Kräutersalz einreiben. Auberginen waschen, putzen, in Scheiben schneiden. Okraschoten waschen, putzen, halbieren. Öl erhitzen, das Gemüse darin andünsten. Tomaten mit kochendem Wasser überbrühen, häuten, halbieren und zum Gemüse geben. Mit Kräutersalz und Cayennepfeffer abschmecken. Die Fische auf das Gemüse legen. Bei kleiner Hitze 30 bis 40 Minuten garziehen lassen. Basilikumblätter darüberstreuen. Dazu schmeckt Bauernbrot.

Pro Portion ca. 460 Kalorien/ 1932 Joule, 40 g Eiweiß, 19 g Fett, 12 g Kohlenhydrate

Ungewöhnlich: Im Blätterteig stecken Bohnen

Bohnenpastete

(10 Scheiben)

4 Platten TK-Vollkornblätterteig (200 g)

Für die Füllung:

450 g grüne Bohnen
Kräutersalz
300 g Ricotta od. körniger Frischkäse
2 Eier, 1 Eigelb
30 g Parmesankäse
Pfeffer aus der Mühle

Blätterteig auftauen lassen, Platten zu einem Rechteck (30 x 25 cm) ausrollen. Bohnen waschen, putzen und in Salzwasser 10 Minuten garen. Die Hälfte pürieren. Mit Käse, einem Ei, Eigelb, geriebenem Parmesankäse und Pfeffer verrühren. Restliche Bohnen unterheben. Die Masse auf eine Teighälfte geben, die andere Hälfte darüberklappen. Das Ei trennen, Teigränder mit Eiweiß bepinseln und zusammendrücken. Blätterteig oben mehrmals einstechen und mit Eigelb bestreichen. Im Backofen (E-Herd: 200 Grad; Gasherd: Stufe 3) 30 bis 40 Minuten backen.

Pro Scheibe ca. 186 Kalorien/ 781 Joule, 10 g Eiweiß, 12 g Fett, 14 g Kohlenhydrate

Wichtig bei Blätterteig:

Tiefgefrorene Teigplatten so legen, daß sie sich überlappen. Etwas antauen lassen, mit Mehl bestäuben und zu einer Platte ausrollen.

Kräuterkartoffeln

(3 Portionen)

750 g Kartoffeln
2 Bund Petersilie
1 Bund Dill
Kräutersalz, Pfeffer
6 EL Sonnenblumenöl
75 g Gruyèrekäse

Kartoffeln gründlich unter fließendem Wasser abbürsten. Längs halbieren und in eine geölte feuerfeste Form mit der Schnittfläche nach oben legen. Kräuter hacken, mit Gewürzen und Öl verrühren. Die Mischung auf die Kartoffeln streichen. Geriebenen Käse darüberstreuen. Im Backofen (E-Herd: 200 Grad; Gasherd: Stufe 3) 40 bis 45 Minuten backen. Dazu schmeckt Knoblauchquark.

Pro Portion ca. 515 Kalorien/ 2163 Joule, 14 g Eiweiß, 30 g Fett, 49 g Kohlenhydrate

DER EXTRA-TIP

Kartoffeln zu kochen, ist keine Kunst. Am gesündesten sind immer noch Pellkartoffeln, denn die Schale schützt die Nährstoffe. In jedem Fall immer mit Wasser sparen, denn sonst laugen die Erdäpfel zu sehr aus.

Genudelt: mit sahniger Pilzsoße

Bandnudeln mit Pilzsoße

(4 Portionen)

Für die Nudeln:

250 g Blattspinat
250 g Weizenvollkornmehl
1 Ei, ½ TL Kräutersalz, 2 EL Öl

Für die Soße:

250 g Champignons
250 g Austernpilze
100 g Schalotten
1 Knoblauchzehe
1 EL Butter oder Margarine
1 Becher Schlagsahne (200 g)
1 Becher saure Sahne (150 g)
Kräutersalz, Pfeffer, Zitronensaft
2 Bd. Thymian, 1 Bd. Petersilie
30 g Hefeflocken

Spinat putzen, waschen und 10 Minuten garen. Abgießen, pürieren. 10 Minuten bei großer Hitze einkochen. Teigzutaten mit dem Spinat verkneten, 30 Minuten kühl stellen. Teig durch die Nudelmaschine drehen. Nudeln 5 Minuten in Salzwasser garen. Für die Soße die Pilze putzen, waschen. Schalotten und Knoblauch abziehen, würfeln. Im heißen Fett andünsten, Pilze zugeben. Sahne angießen, würzen. Kräuter und Hefeflocken unterheben. Soße zu den Nudeln essen.

Pro Portion ca. 656 Kalorien/ 2756 Joule, 17 g Eiweiß, 35 g Fett, 62 g Kohlenhydrate

Wichtig bei Nudeln:

Nudelmaschinen gibt's schon ab 36 Mark. Sie erleichtern die Spaghetti- und Bandnudel-Herstellung. Wichtig: den Teig etwas ausrollen, dann in die Maschine geben.

Indisch:
viel Curry wird
mitgeröstet

Linsen-Gemüsecurry

(3 Portionen)

1 kleiner Blumenkohl
250 g Möhren
100 g rote Linsen
30 g Butter oder Margarine
6 TL Currypulver
200 ml Gemüsebrühe
(Würfel/Instant)
200 ml Schlagsahne
Kräutersalz, Pfeffer
40 g Kürbiskerne

Blumenkohl putzen, waschen, in Röschen zerteilen. Möhren schälen und in Stifte schneiden. Linsen abspülen. Fett erhitzen, Curry darin anrösten. Blumenkohl und Brühe zufügen und 20 Minuten im geschlossenen Topf garen. Die Möhren nach 5 Minuten und die Linsen die letzten 10 Minuten mit der Sahne zugeben. Mit Kräutersalz und Pfeffer abschmekken. Kürbiskerne darüberstreuen.

Pro Portion ca. 566 Kalorien/
2377 Joule, 19 g Eiweiß, 34 g Fett,
39 g Kohlenhydrate

DER EXTRA-TIP

Rote Linsen gibt's bei uns meist nur geschält. Sie dürfen höchstens 15 Minuten kochen, sonst werden sie musig. Wer die kleinen Roten nicht bekommt, nimmt einfach braune Linsen. Sie müssen eine Stunde garen.

Kräuter-Quiche
(8 Stücke)

Für den Teig:

250 g Weizenmehl (Type 1050)
Kräutersalz, 1 Ei
100 g Butter oder Margarine

Für den Belag:

1 Paket Doppelrahmfrischkäse (200 g)
1 Ei
⅛ l Schlagsahne
Kräutersalz, Pfeffer, Muskatnuß
je 2 Bund Petersilie und Kerbel
je 1 Bund Schnittlauch und Dill

Die Zutaten für den Teig verkneten, in Folie verpackt 30 Minuten kalt stellen, Teig ausrollen. Eine Pie- oder Springform (20 cm ∅) mit Teig auslegen, dabei einen Rand hochziehen. Den Boden mehrmals mit einer Gabel einstechen und im Backofen (E-Herd: 200 Grad; Gasherd: Stufe 3) 15 Minuten vorbacken. Für den Belag Frischkäse, Ei und Sahne cremig rühren und würzen. Die Kräuter fein hacken, unter die Käsemasse ziehen und auf dem Teig verteilen. Im Backofen weitere 15 Minuten backen. Dazu schmeckt Tomatensalat

Pro Stück ca. 357 Kalorien/
1499 Joule, 8 g Eiweiß, 26 g Fett,
20 g Kohlenhydrate

DER EXTRA-TIP

Schneller gemacht ist die Quiche mit tiefgefrorenem Vollkornblätterteig. 3 Platten ausrollen und in die gefettete Form legen. 10 Minuten vorbacken. Dann die Kräutermasse draufstreichen und weiterbacken.

Gemüseplatte mit Kräutersoße

(6 Portionen)

1,2 kg Kartoffeln
600 g Zwiebeln
6 Artischocken (à 200 g)
Kräutersalz
2 unbehandelte Zitronen
6 Eier

Für die Kräutersoße:

2 Becher Vollmilchjoghurt (à 150 g)
1 Becher Kräuter-Crème-fraîche (150 g)
Kräutersalz, Pfeffer
2 Bund Petersilie
1 Bund Dill
1 Bund Schnittlauch

Kartoffeln gründlich unter fließendem Wasser abbürsten. Zwiebeln abziehen. Artischocken waschen, die Stiele abbrechen und die Bruchstellen mit Zitronensaft beträufeln. In einem großen Topf Salzwasser mit den in Scheiben geschnittenen Zitronen zum Kochen bringen. Artischocken hineingeben und 30 bis 40 Minuten garen. Die Kartoffeln 20 und die Zwiebeln 10 Minuten mitgaren. Eier hartkochen. Das Gemüse aus dem Topf nehmen und auf einer Platte mit den gepellten und halbierten Eiern anrichten. Für die Soße Joghurt und Crème fraîche mit den Gewürzen verrühren. Kräuter hacken, unterheben. Kräutersoße zum Gemüse essen.

Pro Portion ca. 615 Kalorien/ 2580 Joule, 18 g Eiweiß, 14 g Fett, 64 g Kohlenhydrate

Nussig: die Füllung besteht aus Walnüssen

Tortellini mit Nußfüllung

(4 Portionen)

1 Grundrezept Nudelteig (Rezept Seite 44)
1 Eiweiß

Für die Füllung:
150 g Walnüsse
1 Becher Crème fraîche (150 g)
1 Knoblauchzehe
2 TL Zitronensaft
Kräutersalz, Pfeffer

Walnüsse hacken, mit Crème fraîche verrühren. Knoblauch abziehen, dazupressen. Mit Zitronensaft und Gewürzen abschmecken. Den Nudelteig dünn ausrollen und mit einer Ausstechform (7cm ∅) Kreise ausstechen. Jeweils einen ½ TL der Nußmasse auf die Kreise geben. Die Ränder mit Eiweiß bestreichen, zu einem Halbkreis zusammenfalten und die Ränder festdrücken. Die beiden Spitzen des Kreises zusammenziehen und aneinanderdrücken. Die Tortellini in reichlich kochendem Salzwasser 10 Minuten garen. Dazu schmeckt Knoblauchbutter.

Pro Portion ca. 690 Kalorien/ 2898 Joule, 14 g Eiweiß, 41 g Fett, 53 g Kohlenhydrate

Wichtig bei Tortellini:

Um die Tortelliniform zu bekommen, aus der Teigplatte Kreise ausstechen, die Füllung draufsetzen und überklappen. Zu Hütchen formen.

Sojabällchen mit Joghurtsoße

(4 Portionen)

1 Paket Sojabratlingsmischung (200 g)
1 Zwiebel
½ TL Piment
1 TL Kreuzkümmel
Fett zum Braten

Für die Soße:
2 Becher Sahnejoghurt (300 g)
Meersalz, Pfeffer
1 Prise Zucker
1 Knoblauchzehe
1 Bund Pfefferminze

Bratlingsmischung mit gewürfelter Zwiebel und Gewürzen mischen. 350 ml Wasser unterrühren und die Masse 30 Minuten quellen lassen. Aus dem Teig etwa 16 kleine Bällchen formen und im heißen Fett 5–8 Minuten braten. Joghurt, Gewürze und durchgepreßten Knoblauch verrühren. Minze hakken, unterheben. Die Soße zu den Sojabällchen essen.

Pro Portion ca. 275 Kalorien/ 1150 Joule, 21 g Eiweiß, 9 g Fett, 26 g Kohlenhydrate

DER EXTRA-TIP

Sojabratlingsmischungen sind sehr vielseitig. Daraus können Sie Frikadellen braten oder eine Bologneser Soße kochen. Ideal ist die Mischung auch für Gemüse- oder Teigfüllungen.

Leicht: eine Füllung aus Spinat

Omelett mit Spinatfüllung

(6 Portionen)

200 g Weizenmehl (Type 1050)
Kräutersalz, Pfeffer
2 Eier
200 ml Vollmilch
175 ml Mineralwasser
50 g Butterschmalz zum Braten
500 g Blattspinat
2 Zwiebeln
2 Knoblauchzehen
1 EL kaltgepreßtes Olivenöl
400 g Tomaten
2 EL Sonnenblumenkerne

Für die Soße:
1 Ei, 1 Eigelb
3 EL Zitronensaft
Kräutersalz, Pfeffer
1 Becher Crème fraîche (150 g)

Mehl mit Salz, Pfeffer, Eiern, Milch und Mineralwasser verrühren. Den Teig 15 Minuten quellen lassen. Spinat waschen, abtropfen lassen. Zwiebeln und Knoblauch abziehen, würfeln. Im heißen Öl andünsten, Spinat zugeben und zusammenfallen lassen. Würzen. Tomaten achteln, zugeben und kurz mitgaren. Sonnenblumenkerne darüberstreuen. Aus dem Teig 6 Omeletts braten, Spinat draufgeben, zusammenklappen. Für die Soße Eier, Zitronensaft und Gewürze schaumig schlagen. Crème fraîche unterrühren. Die Soße zu den Omeletts essen.

Pro Portion ca. 425 Kalorien/ 1785 Joule, 14 g Eiweiß, 28 g Fett, 33 g Kohlenhydrate

Schichtweise: Polenta und viel Gemüse

Polenta-Gemüseterrine

(4 Portionen)

1 l Gemüsebrühe (Würfel/Instant)
250 g Maisgrieß
200 g Zucchini
200 g Möhren
200 g Porree
250 g Staudensellerie
2 EL Butter oder Margarine
Kräutersalz, Pfeffer
1½ EL Sesamsamen
2 EL Sojasoße
Fett für die Form
50 g Parmesankäse

Brühe einmal aufkochen, Grieß unter ständigem Rühren einrieseln lassen. Bei schwacher Hitze 20 Minuten ausquellen lassen, bis ein dicker Brei (Polenta) entstanden ist. Gemüse putzen, waschen, in Stifte schneiden. Im heißen Fett 10 Minuten dünsten. Gewürze, Sesamsamen und Sojasoße unterrühren. Die Masse abkühlen lassen. In eine gefettete Kastenkuchenform (1½ Liter Inhalt) streichen, die Hälfte des Gemüses daraufgeben und mit Parmesankäse bestreuen. Den Vorgang wiederholen, dabei mit Polenta und Käse abschließen. Im Backofen (E-Herd: 200 Grad; Gasherd: Stufe 3) 40 bis 45 Minuten backen. Etwas abkühlen lassen, die Ränder mit einem Messer lösen und die Gemüseterrine aus der Form stürzen.

Pro Portion ca. 386 Kalorien/ 1621 Joule, 14 g Eiweiß, 8 g Fett, 60 g Kohlenhydrate

Auf provençalische Art: In Minuten gebraten

Tofu-Geschnetzeltes
(4 Portionen)

500 g Tofu (Sojabohnenquark)
2 Knoblauchzehen
⅛ l kaltgepreßtes Olivenöl
Saft von 2 Zitronen
1 Bund Thymian
1 Zwiebel
300 g grüne Paprikaschoten
300 g Tomaten
150 g schwarze Oliven
⅛ l Gemüsebrühe (Würfel/Instant)
Pfeffer aus der Mühle

Tofu in Streifen schneiden. Knoblauch abziehen, fein würfeln. Öl, Zitronensaft und Thymianblättern verrühren und über den Tofu geben Etwa 1 Stunde im Kühlschrank marinieren. Tofu aus der Marinade nehmen und rundum anbraten. Zwiebel abziehen, in Ringe schneiden. Paprika putzen, waschen, in Streifen schneiden. Tomaten waschen, achteln. Gemüse zum Tofu geben und mitdünsten. Oliven zufügen, Brühe und etwas Marinade angießen und 5 Minuten schmoren lassen. Abschmecken.

Pro Portion ca. 817 Kalorien/ 3431 Joule, 8 g Eiweiß, 35 g Fett, 6 g Kohlenhydrate

Wichtig bei Tofu:
Zum Schnetzeln den Sojabohnenquark (Tofu) erst in Scheiben, dann in Streifen schneiden. Den geschmacksarmen Tofu immer kräftig würzen.

Gebacken: Sojafleisch und viel Gemüse

Gemüsekuchen mit Sojafleisch

(4 Portionen)

Für den Teig:

125 g Weizenmehl (Type 1050)
1 Ei
75 g Butter oder Margarine
1 Prise Kräutersalz
40 g Sonnenblumenkerne

Für den Belag:

100 g Sojabratlingsmischung
⅛ l Gemüsebrühe (Würfel/Instant)
1 Zwiebel
200 g Champignons
200 g Zucchini
½ Dose Mais (150 g)
2 EL Öl, Kräutersalz, Pfeffer
2 EL Paprikamark
150 g saure Sahne
75 g alten Gouda

Alle Zutaten für den Teig miteinander verkneten. 30 Minuten kühl stellen. Eine Pie-Form (24 cm ∅) mit dem Teig auslegen, dabei einen kleinen Rand hochziehen. Boden mehrmals mit einer Gabel einstechen und im Backofen (E-Herd: 200 Grad; Gasherd: Stufe 3) 15 Minuten backen. Sojamischung in Brühe 15 Minuten quellen lassen. Zwiebel abziehen, würfeln. Pilze und Zucchini waschen, putzen, in Scheiben schneiden. Mais abtropfen lassen. Sojafleisch und Zwiebel im heißen Fett anbraten. Gemüse 5 Minuten mitdünsten, würzen. Paprikamark und Sahne unterrühren und die Masse auf dem Teigboden verteilen. Käse reiben und darüberstreuen. 15 Minuten überbacken. Dazu schmeckt gemischter Salat.

Pro Portion ca. 666 Kalorien/ 2797 Joule, 25 g Eiweiß, 40 g Fett, 44 g Kohlenhydrate

Spitzkohl mit Pilzsoße

(3 Portionen)

1 Spitzkohl (1 kg)
20 g Butter oder Margarine
200 ml Gemüsebrühe (Würfel/Instant)
300 g Roséchampignons
200 g Austernpilze
1 Zwiebel
1 Knoblauchzehe
2 EL Olivenöl
⅛ l Schlagsahne
100 g Kräuterfrischkäse
Kräutersalz, Pfeffer
1 Bund Thymian

Kohl putzen, in Spalten schneiden und im heißen Fett andünsten. Brühe angießen und den Kohl 20 Minuten garen. Pilze putzen, mit einem Pinsel säubern und in Scheiben schneiden. Zwiebel und Knoblauch abziehen, fein würfeln. Im heißen Öl andünsten, Pilze zufügen und mitdünsten. Sahne und Frischkäse unterrühren. Mit den Gewürzen abschmecken. Thymianblätter darüberstreuen. Die Pilzsoße zum Kohl servieren. Dazu schmecken Pellkartoffeln.

Pro Portion ca. 463 Kalorien/ 1944 Joule, 12 g Eiweiß, 35 g Fett, 19 g Kohlenhydrate

Wichtig bei Pilzen:

Zuchtpilze haben kaum Schmutz und müssen deshalb nur ganz selten gewaschen werden. Schonender ist es, sie mit einem Pinsel zu säubern.

Fischfilet mit Sesamkruste

(2 Portionen)

400 g Seelachsfilet
1 EL Zitronensaft
Kräutersalz, Pfeffer
1 Ei
4 EL Sesamsamen
2 EL Öl

Für den Salat:

½ Kopf Endiviensalat
2 Tomaten
½ Becher Vollmilchjoghurt
1 EL Zitronensaft
Kräutersalz, Pfeffer
1 Bund Schnittlauch

Fisch säubern, säuern, würzen. In Ei, anschließend in Sesamsamen wenden. Im heißem Fett von beiden Seiten etwa 5 Minuten braten. Salat in Streifen schneiden, waschen, abtropfen lassen. Tomaten waschen, Blütenansätze herausschneiden und in Scheiben schneiden. Alles mischen. Aus Joghurt, Zitronensaft und Gewürzen eine Soße rühren, über den Salat geben. Mit Schnittlauchröllchen bestreuen. Den Salat zum gebratenen Fisch essen.

Pro Portion ca. 438 Kalorien/ 1840 Joule, 23 g Eiweiß, 15 g Fett, 10 g Kohlenhydrate

DER EXTRA-TIP

Panierter Fisch bleibt beim Backen besonders saftig. Wer Sesam nicht so gern mag, kann natürlich auch Vollkornpaniermehl nehmen. Gut schmecken aber auch gehobelte Haselnüsse oder Mandelblättchen.

Petersilien-Quarkknödel

(4 Portionen)

2 Eier
500 g Magerquark
2 EL Weizenvollkornmehl
5 EL Hartweizengrieß
Kräutersalz, Pfeffer
3 Bund Petersilie
75 g Butter oder Margarine
40 g Pinienkerne
40 g Sonnenblumenkerne
30 g Sesamsamen

Eier trennen, Quark abtropfen lassen und mit Eigelb, Mehl, Grieß, Salz und Pfeffer verrühren. Petersilie fein hacken und unter den Quarkteig rühren. Eiweiß sehr steif schlagen, unterheben. Mit 2 Eßlöffeln Klöße abstechen und in siedendes Salzwasser geben. 10 Minuten gar ziehen lassen. Fett schmelzen, Pinien-, Sonnenblumenkerne und Sesamsamen darin rösten. Würzen. Die Soße über die Klöße geben.

Pro Portion ca. 530 Kalorien/ 2226 Joule, 29 g Eiweiß, 31 g Fett, 25 g Kohlenhydrate

DER EXTRA-TIP

Klöße oder Knödel dürfen nicht zu stark kochen, sonst fallen sie leicht auseinander. Deshalb: schön langsam ziehen lassen. Gar sind die Klöße, wenn sie an der Wasseroberfläche schwimmen.

Apfel-Kartoffel-Gratin

(4 Portionen)

400 g Kartoffeln
400 g Äpfel
Fett für die Form
Kräutersalz, Pfeffer
1 Bund Majoran
300 ml Schlagsahne
1 Ei
2 EL Crème fraîche

Kartoffeln und Äpfel waschen, schälen und in Spalte bzw. Scheiben schneiden. In eine gefettete Auflaufform schichten. Mit Gewürzen und Majoranblättern würzen. Sahne mit Ei und Crème fraîche verrühren, würzen und über Kartoffeln und Äpfel gießen. Das Gratin im Backofen (E-Herd: 200 Grad; Gasherd: Stufe 3) 50 Minuten garen. Dazu schmeckt ein gemischter Salat.

Pro Portion ca. 424 Kalorien/ 1780 Joule, 6 g Eiweiß, 29 g Fett, 23 g Kohlenhydrate

DER EXTRA-TIP

Ähnlich wie das Apfel-Kartoffel-Gratin können Sie auch andere Gemüse miteinander kombinieren und als Gratin zubereiten. Dabei ist wichtig, daß Sie immer Gemüse gleicher Konsistenz wählen. Sonst sind die einzelnen Sorten zu unterschiedlichen Zeiten gar.

Klassisch: Bohnengemüse mit Sauce Béarnaise

Grüne Bohnen mit Sauce Béarnaise

(4 Portionen)

1 kg grüne Bohnen
500 g Kartoffeln
2 Schalotten
3 EL Weißweinessig
⅛ l trockener Weißwein
4 Eier
200 g Butterschmalz
Kräutersalz, Pfeffer

Bohnen waschen, putzen und in wenig Salzwasser 15 Minuten garen. Kartoffeln waschen und ebenfalls 15 Minuten kochen. Für die Soße Schalotten abziehen, fein würfeln und mit Essig und Wein aufkochen. Die Flüssigkeit bis auf 3 Eßlöffel bei großer Hitze einkochen. Durch ein Sieb in einen Topf geben. Die Eier trennen. Eiweiß anderweitig verarbeiten. Butterschmalz bei geringer Hitze schmelzen (nicht bräunen), Weinsud und Eigelb bei schwacher Hitze im Wasserbad mit den Schneebesen des Handrührgerätes dickschaumig aufschlagen. Flüssiges Fett nach und nach unterschlagen, würzen. Soße zu dem Gemüse essen.

Pro Portion ca. 718 Kalorien/ 3015 Joule, 8 g Eiweiß, 56 g Fett, 14 g Kohlenhydrate

Wichtig beim Wasserbad:

Damit die Béarnaise im Wasserbad gelingt, darf das Wasser nicht kochen, sondern nur leicht sieden. Fett ganz langsam zugießen.

Lecker: kroß aus der Pfanne

Kartoffelpuffer mit Radieschencreme

(4 Portionen)

1 kg Kartoffeln
3 Eier
3 EL Vollkornpaniermehl
3 EL Sonnenblumenkerne
Öl zum Braten

Für die Creme:
300 g Doppelrahmfrischkäse
½ Becher Schlagsahne (100 g)
2 Bund Radieschen
1 Bund Schnittlauch
1 Bund Petersilie
Kräutersalz, Pfeffer
1 TL Zitronensaft
1 Kästchen Kresse

Kartoffeln schälen, grob raspeln. Eier, Paniermehl und Sonnenblumenkerne mit den Kartoffeln verrühren, mit Kräutersalz abschmekken. Im heißen Fett nacheinander 8 Puffer braten. Warm stellen. Für die Creme Frischkäse und Sahne verrühren. Radieschen putzen, waschen, kleinschneiden. Schnittlauch und Petersilie hacken, alles unter den Frischkäse rühren und mit Gewürzen und Zitronensaft abschmecken. Kresse auf die Creme geben, Puffer dazu essen.

Pro Portion ca. 629 Kalorien/ 2644 Joule, 23 g Eiweiß, 41 g Fett, 54 g Kohlenhydrate

Graupeneintopf

(4 Portionen)

1 Bund Suppengemüse
1 Zwiebel
2 Knoblauchzehen
300 g Gerstengraupen
3 EL Sojaöl
2 TL Currypulver
1⅛ l Gemüsebrühe
Kräutersalz, Pfeffer
200 g Champignons
1 Bund Petersilie

Suppengemüse putzen, waschen, in Würfel schneiden. Zwiebel abziehen und würfeln. Knoblauch abziehen und durchpressen. Graupen mit kaltem Wasser abspülen. 2 Eßlöffel Öl erhitzen, Gemüse darin andünsten. Curry und Graupen kurz mit andünsten. Brühe angießen und bei schwacher Hitze 30 Minuten garen. Würzen. Champignons putzen, waschen, in Scheiben schneiden. Im restlichen heißen Öl andünsten. Zum Eintopf geben, mit gehackter Petersilie bestreuen.

Pro Portion ca. 625 Kalorien/
2623 Joule, 16 g Eiweiß, 26 g Fett,
72 g Kohlenhydrate

DER EXTRA-TIP

Graupen sind nicht nur für pikante Gerichte gut; sie schmekken auch süß. Einfach mit einer Vanilleschote in Milch 30 Minuten ausquellen lassen. Anschließend mit Honig süßen und Kompott dazu reichen.

Gefüllte Kohlrabi

(6 Portionen)

6 Kohlrabi (à 400 g), Salz
75 g Vollkornreis
200 g Champignons
1 Bund Petersilie
1 Paket Doppelrahmfrischkäse (125 g)
Pfeffer aus der Mühle

Für die Soße:

200 ml Schlagsahne
Kräutersalz, Pfeffer
je 1 Bund Petersilie und Dill

Kohlrabi schälen und in Salzwasser 20 Minuten garen. Mit einem Teelöffel aushöhlen. Fruchtfleisch grob hacken. Reis in 150 ml Salzwasser garen. Champignons putzen, mit einem Pinsel säubern. Petersilie hacken. Alles mit Frischkäse und Gewürzen verrühren und in die Kohlrabi füllen. In einen Topf geben, Sahne angießen und 20 Minuten garen. Die Soße würzen, mit gehackten Kräutern verfeinern.

Pro Portion ca. 340 Kalorien/ 1428 Joule, 8 g Eiweiß, 17 g Fett, 19 g Kohlenhydrate

DER EXTRA-TIP

Die Reis-Champignon-Füllung paßt natürlich auch in andere Gemüse, wie Tomaten, Paprikaschoten, Zucchini oder Auberginen. Soll's würziger schmecken, statt des Frischkäses Blauschimmelkäse nehmen.

Cremig: mit einer dicken Käseschicht

Überbackene Eier

(3 Portionen)

100 ml Essig
6 Eier
30 g Butter oder Margarine
20 g Weizenmehl (Type 150)
1/8 l Gemüsebrühe
1/8 l Vollmilch
120 g Gorgonzola
2 EL Vollkorn-Paniermehl
20 g geriebener Parmesankäse
1 Kästchen Kresse

Essig und 2 l Wasser aufkochen. Die Eier nacheinander in eine Suppenkelle geben und vorsichtig in das siedende Wasser gleiten lassen. 5 Minuten in der Flüssigkeit ziehen lassen, mit einer Schaumkelle herausnehmen und in eine Auflaufform geben. Fett schmelzen, Mehl einrühren. Brühe und Milch nach und nach unter Rühren zugießen. 3 Minuten kochen. Gorgonzola entrinden, würfeln und in der Soße auflösen. Soße über die Eier geben, Paniermehl und Parmesan mischen, darüberstreuen. Unter dem Grill überbacken, bis der Käse anfängt braun zu werden. Mit Kresse anrichten. Dazu schmeckt Kartoffelpüree.

Pro Portion ca. 507 Kalorien/
2129 Joule, 27 g Eiweiß, 36 g Fett,
14 g Kohlenhydrate

Wichtig beim Pochieren:
Das Essigwasser in einem weiten Topf zum Sieden bringen (nicht kochen!), die Eier in eine Kelle schlagen und ins Wasser gleiten lassen.

Bohnen-Auberginen-Auflauf

(4 Portionen)

300 g getrocknete weiße Bohnen
3 Knoblauchzehen
1 Zwiebel
2 Nelken, 1 Lorbeerblatt

Für die Soße:
1 Zwiebel
2 EL Olivenöl
2 Dosen Tomatenmark (à 70 g)
200 ml Rotwein
Kräutersalz, Pfeffer
2 Auberginen (à 300 g)
Olivenöl zum Braten
Rosmarin

Bohnen abspülen und mit Wasser bedeckt über Nacht einweichen. Knoblauch und Zwiebel abziehen. Nelken in die Zwiebel stecken. Zusammen mit dem Knoblauch und Lorbeerblatt zu den Bohnen geben. In dem Einweichwasser 1 Stunde garen. Bohnen abgießen, dabei 200 ml Wasser aufheben. Zwiebel abziehen, würfeln. Im heißen Fett andünsten. Tomatenmark, Rotwein und Bohnenflüssigkeit zufügen und 15 Minuten einkochen lassen. Würzen und mit den Bohnen mischen. Auberginen putzen, waschen und in Scheiben schneiden. Mit Salz bestreuen und 10 Minuten stehenlassen. Mit Küchenpapier trockentupfen und im Öl braten. In eine gefettete Auflaufform abwechselnd Bohnen und Auberginen schichten. Im Backofen (E-Herd: 200 Grad; Gasherd: Stufe 3) in der geschlossenen Form 1 Stunde garen. Mit Rosmarinnadeln bestreuen.

Pro Portion ca. 411 Kalorien/ 1726 Joule, 18 g Eiweiß, 11 g Fett, 55 g Kohlenhydrate

**Pikant:
In die Mitte kommt
Schafskäse**

Gemüse-Frikadellen

(4 Portionen)

250 g Kartoffeln
250 g Möhren
2 Zwiebeln
1 Knoblauchzehe
1 Bund Thymian
1 Ei
5 EL Vollkorn-Paniermehl
Kräutersalz, Pfeffer
100 g italienischer Schafskäse
2 EL Butter oder Margarine

Kartoffeln und Möhren schälen, waschen und fein raspeln. Zwiebeln und Knoblauch abziehen, fein würfeln und zusammen mit dem gehackten Thymian zum Gemüse geben. Mit Ei, Paniermehl und Gewürzen zu einem Teig verkneten. Schafskäse in acht Würfel teilen. Mit angefeuchteten Händen aus der Gemüsemasse acht Frikadellen formen. Schafskäse in die Mitte drücken. Im heißen Fett von jeder Seite 8 Minuten braten. Dazu schmeckt eine Kräuter-Joghurt-Soße und Fladenbrot.

Pro Portion ca. 309 Kalorien/
1298 Joule, 12 g Eiweiß, 14 g Fett,
24 g Kohlenhydrate

Wichtig beim Füllen:

Zuerst mit angefeuchteten Händen eine dicke Frikadelle formen, in der Handfläche flach drücken, Käse reinlegen und mit Teig umhüllen.

Polentaschnitten mit Tomatensoße

(4 Portionen)

Für die Polenta:

200 g Maisgrieß
1 l Gemüsebrühe (Instant)
50 g Butter oder Margarine
75 g geriebener Parmesankäse
20 g Kokosfett

Für die Soße:

1 Zwiebel
2 EL Olivenöl
500 g Tomaten
Kräutersalz, Pfeffer
1 Bund Basilikum

Grieß in die kochende Brühe einrühren, vom Herd nehmen und 15 Minuten ausquellen lassen. Fett und geriebenen Käse unterrühren. Ein Backblech mit Backpapier auslegen, Grießmasse etwa 1 cm dick daraufstreichen. Abkühlen lassen, in Rauten schneiden und im heißen Fett von beiden Seiten goldbraun braten. Für die Soße Zwiebel abziehen, würfeln und im heißen Öl andünsten. Tomaten häuten, kleinschneiden und zufügen, würzen. Die Soße 20 Minuten dicklich einkochen lassen. Mit gehacktem Basilikum bestreuen und zu den Polentaschnitten servieren.

Pro Portion ca. 520 Kalorien/
2184 Joule, 13 g Eiweiß, 26 g Fett,
43 g Kohlenhydrate

Kräftig: auf Sauerkraut geschmort

Weißkohlrouladen auf Sauerkraut

(4 Portionen)

8 große Weißkohlblätter

Für die Füllung:

1 Bund Suppengemüse

1 Zwiebel, 1 EL Öl, 150 g Grünkern

350 ml Gemüsebrühe

150 g Schafskäse, Meersalz, Pfeffer

800 g Sauerkraut

2 EL Butter oder Margarine

1/8 l Gemüsebrühe

100 g Schmand oder saure Sahne

1 EL Paprikapulver, edelsüß

Die Rippen der Kohlblätter flach schneiden. 3 Minuten blanchieren. Suppengemüse putzen, waschen, würfeln. Zwiebel abziehen, ebenfalls würfeln. Im heißen Öl andünsten. Grünkern und Brühe zufügen. 30 Minuten quellen lassen. Schafskäse unter den Grünkern mischen. Würzen. Auf die Kohlblätter geben, aufrollen und zusammenstecken. Sauerkraut im heißen Fett andünsten. Rouladen darauflegen. Brühe angießen und 25 Minuten schmoren. Zum Essen Schmand auf Rouladen und Sauerkraut geben und dick mit Paprikapulver bestreuen.

Pro Portion ca. 520 Kalorien/ 2180 Joule, 16 g Eiweiß, 29 g Fett, 42 g Kohlenhydrate

Wichtig bei Kohlrouladen:

Damit sich die robusten Weißkohlblätter lösen, wird der Kohl 5 Minuten blanchiert. Danach die Blätter runterrollen und abschneiden.

Reichlich: für sechs Personen

Grünkernbraten

(6 Portionen)

1 Bund Suppengemüse
2 Zwiebeln
2 Knoblauchzehen
250 g Grünkerngrütze
2 EL Butterschmalz
3/4 l Gemüsebrühe
100 g geriebener Emmentaler
2 EL Vollkorn-Paniermehl
2 Eier
60 g Pinienkerne
1 Bund Thymian
Kräutersalz, Pfeffer
Paprikapulver, edelsüß

Suppengemüse putzen, waschen, kleinschneiden. Zwiebeln und Knoblauch abziehen, fein würfeln. Grütze im heißen Fett andünsten, das vorbereitete Gemüse zufügen, mitdünsten. Brühe angießen, 30 Minuten bei schwacher Hitze quellen lassen. Käse, Paniermehl, Eier, Pinienkerne und Thymianblätter zum Grünkern geben, würzen. Aus der Masse mit angefeuchteten Händen einen Laib formen. Auf ein Backblech legen und im Backofen (E-Herd: 200 Grad; Gasherd: Stufe 3) 40 bis 45 Minuten garen. Dazu paßt eine Senfsoße.

Pro Portion ca. 399 Kalorien/
1674 Joule, 14 g Eiweiß, 15 g Fett,
40 g Kohlenhydrate

DER EXTRA-TIP

Wie andere Getreide auch, entfaltet Grünkern sein volles Aroma erst im Zusammenspiel mit Kräutern und Gewürzen. Erlaubt ist, was gefällt: Petersilie, Dill, Kresse oder Thymian ebenso wie Curry, Paprika, Ingwer oder Koriander.

Kleine Happen: ideal als Vorspeise

Fritiertes Gemüse

(4 Portionen)

500 g Porree
1 Bd. Lauchzwiebeln, 250 g Schalotten
2 Eier, 150 ml Bier
125 g Weizenmehl (Type 1050)
je 1 Bund Petersilie u. Schnittlauch

Für das Paprikapüree:
2 grüne Paprikaschoten (400 g)
1 Zwiebel, 2 EL Öl
⅛ l Gemüsebrühe
Meersalz, Pfeffer
1,5 kg Pflanzenfett

Gemüse putzen, kleinschneiden. Schalotten abziehen. Eier, Bier und Mehl verrühren. 15 Minuten quellen lassen. Paprika putzen, würfeln. Zwiebel würfeln. Beides im heißen Fett andünsten. Brühe angießen, 12 Minuten garen. Pürieren und würzen. Kräuter hacken und unter den Teig rühren. Würzen. Gemüse mit einer Gabel in den Teig tauchen und in das siedend heiße Fett geben. 6 bis 8 Minuten fritieren. Paprikapüree dazu essen.

Pro Portion ca. 570 Kalorien/ 2394 Joule, 12 g Eiweiß, 34 g Fett, 49 g Kohlenhydrate

Wichtig bei Fritierteig:

Wird Gemüse mit Teig umhüllt und fritiert, muß es gut abtropfen. Sonst schmeckt der Teig zu fettig. Außerdem: immer heiß servieren.

Apfel-Möhren-Rösti

(3 Portionen)

300 g Äpfel
250 g Möhren
1 Bund Petersilie
2 Eier
Kräutersalz, Pfeffer
30 g Butter oder Margarine

Äpfel und Möhren schälen, grob raspeln. Petersilie hacken, zusammen mit den Äpfeln, Möhren, Eiern und Gewürzen verrühren. Fett erhitzen und nacheinander neun kleine Rösti braten. Dazu schmeckt Kräuter-Joghurt-Soße.

Pro Portion ca. 330 Kalorien/ 1390 Joule, 6 Eiweiß, 12 g Fett, 23 g Kohlenhydrate

DER EXTRA-TIP

Statt der Äpfel passen auch geraspelte Zucchini oder Kohlrabi in die Rösti. Übrigens lassen sie sich gut auf Vorrat braten und tieffrieren: Pergamentpapier zwischen die Rösti legen, in Alufolie packen und einfrieren. Aufgetaut kurz im Backofen bei 200 Grad aufbacken.

Behütet: viel Gemüse unter Blätterteig

Gemüseragout mit Blätterteighaube

(4 Portionen)

500 g Porree
500 g Möhren
1 Kohlrabi (400 g)
1 Zwiebel
20 g Butter oder Margarine
Meersalz, Pfeffer
30 g Kürbiskerne
125 g Gorgonzola
⅛ l Schlagsahne
3 Platten tiefgefrorener Vollkornblätterteig
1 Eigelb
1 EL Schlagsahne

Porree, Möhren und Kohlrabi putzen, waschen und kleinschneiden. Zwiebel abziehen, fein würfeln. Fett erhitzen und das Gemüse darin andünsten. Gewürze, Kürbiskerne und Käse zufügen. Sahne angießen und 5 Minuten schmoren lassen. Ragout in eine Pieform füllen. Blätterteig auftauen lassen und zu einem Kreis von 28 cm ∅ ausrollen. Den Rand der Form mit Eigelb bepinseln, den Teig darüberlegen, festdrücken. Aus dem restlichen Teig kleine Formen (z.B. Kreise oder Monde) ausstechen, auf den Teig legen. Restliches Eigelb mit Sahne verrühren, den Teig damit bepinseln. Mit einer Gabel mehrmals einstechen und im Backofen (E-Herd: 200 Grad; Gasherd: Stufe 3) 20–25 Minuten backen.

Pro Portion ca. 605 Kalorien/ 2541 Joule, 17 g Eiweiß, 39 g Fett, 41 g Kohlenhydrate

Geschichtet:
Nudeln
mit Mangold

Vollkorn-Nudelauflauf

(4 Portionen)

300 g Vollkornnudeln
750 g Mangold
2 EL Öl
Kräutersalz, Pfeffer
60 g Walnüsse
300 g Gorgonzola
2 Eier
1½ Becher Schlagsahne (300 g)
Fett für die Form

Nudeln in kochendem Salzwasser 10 Minuten garen, abgießen und abtropfen lassen. Mangold putzen, waschen, grob zerkleinern und im heißen Fett andünsten. Würzen. Walnüsse hacken und mit dem gewürfelten Käse, den Eiern und der Sahne verrühren. Mit Salz und Pfeffer würzen. In eine gefettete Auflaufform abwechselnd Nudeln und Mangold schichten. Eier-Sahne darübergießen. Im Backofen (E-Herd: 200 Grad; Gasherd: Stufe 3) 50 Minuten garen.

Pro Portion ca. 697 Kalorien/ 2927 Joule, 14 g Eiweiß, 48 g Fett, 41 g Kohlenhydrate

DER EXTRA-TIP

Nudeln schmecken am besten »al dente«, also mit Biß. Je nach Sorte heißt das: 6 bis 10 Minuten kochen. Geben Sie die Nudeln am besten in kochendes Salzwasser mit einem Schuß Öl. Dann kleben sie nicht zusammen.

Zart: Der Fisch gart auf Gemüse

Schellfisch mit Gemüse

(4 Portionen)

1 Schellfisch (1,2 kg)
Saft einer Zitrone
Kräutersalz
400 g Zucchini
200 g Möhren
100 g Zwiebeln
2 Knoblauchzehen
400 g Tomaten
3 EL Öl
⅛ l Gemüsebrühe
1 TL Rosenpaprikapulver
1 Bund Petersilie

Fisch waschen, mit Zitronensaft beträufeln, mit Kräutersalz einreiben. Zucchini waschen, putzen und in Streifen schneiden. Möhren schälen und in Scheiben schneiden. Zwiebeln und Knoblauch abziehen, fein würfeln. Tomaten überbrühen, häuten und vierteln. Gemüse im heißen Öl andünsten. Brühe angießen und mit Paprika scharf abschmecken. Fisch darauf legen und im geschlossenen Topf 25 bis 30 Minuten gar ziehen lassen. Mit gehackter Petersilie bestreuen.

Pro Portion ca. 302 Kalorien/ 1268 Joule, 35 g Eiweiß, 9 g Fett, 15 g Kohlenhydrate

DER EXTRA-TIP

Ob zum Kochen oder Braten – Fisch sollte vorher immer mit reichlich Zitronensaft oder Essig beträufelt werden. Dadurch wird das Fleisch fester und viel weißer. Außerdem bindet die Säure den Fischgeruch.

Sanftes für den Suppenteller

Seit man Gemüsebrühe fix und fertig – als Brühwürfel oder Instantpulver – kaufen kann, sind Suppen und Eintöpfe auch ohne großen Aufwand schnell gekocht. Kräuter und Gewürze bringen Frische und Raffinesse

Kürbis-Aprikosen-Suppe

(4 Portionen)

1 kg Kürbis
150 g Zwiebeln
200 g getrocknete, ungeschwefelte Aprikosen
50 g Butter oder Margarine
2 TL Currypulver
1 l Gemüsebrühe (Würfel od. Instant)
Kräutersalz, Pfeffer
1 Becher Crème fraîche (150 g)
1 Bund Petersilie

Kürbis schälen, entkernen und grob würfeln. Zwiebeln abziehen, fein würfeln. Aprikosen abspülen, abtropfen lassen und ebenfalls fein würfeln. Alles im heißen Fett andünsten, Curry zugeben, mitdünsten. Brühe angießen und 40 bis 45 Minuten kochen lassen. Mit dem Schneidstab des Handrührgerätes pürieren, mit Kräutersalz und Pfeffer abschmecken, Crème fraîche zugeben. Petersilie waschen, hacken und darüberstreuen.

Pro Portion ca. 196 Kalorien/ 824 Joule, 5 g Eiweiß, 17 g Fett, 43 g Kohlenhydrate

Pikant: Kürbis, Aprikosen und Zwiebeln werden püriert, mit Curry gewürzt und Crème fraîche verfeinert

Aromatisch: Zum Getreide kommt Gemüse

Getreideeintopf mit Petersiliensoße

(4 Portionen)

1 Tüte 6-Korn-Getreidesuppe (200 g, Reformhaus)
1 Zucchini (200 g)
200 g Möhren
1 Bund Lauchzwiebeln
20 g Butter oder Margarine

Für die Petersiliensoße:
60 g Sonnenblumenkerne
2 Bund Petersilie
Kräutersalz, Pfeffer
5 EL Olivenöl

Die Getreidemischung in 1½ Liter Wasser einrühren und 15 Minuten garen, dabei ab und zu umrühren. Zucchini, Möhren und Lauchzwiebeln putzen, waschen und kleinschneiden. Das Gemüse im heißen Fett 5 Minuten dünsten, zur Suppe geben. Für die Soße Sonnenblumenkerne und Petersilie fein hakken, mit den Gewürzen und dem Öl verrühren. Zur Suppe servieren.

Pro Portion ca. 429 Kalorien/ 1801 Joule, 15 g Eiweiß, 24 g Fett, 34 g Kohlenhydrate

DER EXTRA-TIP

Wenn die Gemüsebrühe selbst zubereitet wird: Für ½ l 100 g Schalotten würfeln, 150 g Möhren, 100 g Staudensellerie und 100 g Porree kleinschneiden. In 50 g Fett andünsten. ¾ l Wasser zugießen, 20 Minuten kochen. Durch ein Sieb gießen.

Superleicht: Die Klößchen sind aus Schollenfilet

Kerbelsuppe mit Fischklößchen

(4 Portionen)

2 Schalotten
20 g Butter oder Margarine
0,8 l Fischfond (2 Gläser)
⅛ l Gemüsebrühe (Würfel od. Instant)
4 Töpfe Kerbel

Für die Klöße:
400 g Schollenfilets
1 EL Zitronensaft
1 Ei
Kräutersalz, Pfeffer
1 EL Crème fraîche

Schalotten abziehen, würfeln und im heißen Fett andünsten. Fond und Brühe angießen und aufkochen. Kerbel kleinschneiden und in die Suppe geben. Schollenfilets eventuell häuten, mit Zitronensaft und Ei pürieren. Würzen und Crème fraîche unterrühren. Mit 2 Teelöffeln kleine Klöße abstechen und in die Suppe geben. 10 Minuten gar ziehen lassen.

Pro Portion ca. 190 Kalorien/ 798 Joule, 19 g Eiweiß, 10 g Fett, 1 g Kohlenhydrate

Wichtig bei Klößchen:

Mit zwei angefeuchteten Teelöffeln Klößchen locker abstechen und in siedende Flüssigkeit geben. Sie sind gar, wenn sie nach oben steigen.

Edel:
mit Krabben und Crème fraîche

Krabbensuppe

(4 Portionen)

1 kg Fischabfälle
1 Bund Suppengemüse
3 EL Crème fraîche
1 TL Zitronensaft
Kräutersalz, Pfeffer
1 Stange Porree (200 g)
150 g Krabbenfleisch

Fischabfälle unter kaltem Wasser abspülen. Suppengemüse putzen, waschen, kleinschneiden. Fischabfälle und Suppengemüse in einen Topf geben, 1½ l Wasser angießen und 1 Stunde bei kleiner Hitze kochen. Durch ein Sieb gießen und 15 Minuten bei großer Hitze einkochen lassen. Crème fraîche unterrühren. Mit Zitronensaft und Gewürzen abschmekken. Porree waschen, in sehr feine Ringe schneiden und zusammen mit den Krabben in der Suppe erhitzen. Dazu paßt Vollkornbrot.

Pro Portion ca. 116 Kalorien/
487 Joule, 9 g Eiweiß, 12 g Fett,
7 g Kohlenhydrate

DER EXTRA-TIP

Wenn Sie den Fischfond selbst kochen, dürfen die Fische keine Kiemen mehr haben – der Fond wird sonst bitter. Tip: Fond stark einkochen, in Eiswürfelbehälter gießen und vorfrieren. In Plastiktüten verpackt einfrieren. Toll für Fischsoßen!

Leicht: Darüber kommen geröstete Pinienkerne

Spinatsuppe
(2 Portionen)

- *1 kg Blattspinat*
- *1 Zwiebel*
- *125 g Kartoffeln*
- *1 EL Butter oder Margarine*
- *½ l Gemüsebrühe (Würfel od. Instant)*
- *Pfeffer, Muskat*
- *3 EL saure Sahne*
- *50 g Pinienkerne*

Spinat putzen, gründlich waschen und abtropfen lassen. Zwiebel abziehen, würfeln. Kartoffeln schälen, waschen und würfeln. Beides im heißen Fett andünsten, Spinat zugeben und zusammenfallen lassen. Brühe angießen und 15 Minuten garen. Mit dem Schneidstab des Handrührgerätes pürieren, würzen, saure Sahne unterrühren. Pinienkerne rösten und darüberstreuen.

Pro Portion ca. 383 Kalorien/ 1607 Joule, 23 g Eiweiß, 20 g Fett, 30 g Kohlenhydrate

Wichtig beim Rösten:

Pinienkerne (auch Sesamsamen) werden ohne Fett bei hoher Hitze kurz – etwa 2 Minuten – geröstet. Am besten in einer beschichteten Pfanne.

Lauchzwiebelsuppe

(3 Portionen)

3 Bund Lauchzwiebeln
150 g Möhren
300 g Kartoffeln
3 EL Grünkernschrot
30 g Butter oder Margarine
Kräutersalz, Pfeffer, Koriander
1 l Gemüsebrühe (Würfel od. Instant)

Gemüse putzen, waschen. Eine Lauchzwiebel und eine Möhre in Ringe bzw. in Scheiben schneiden. Restliches Gemüse kleinschneiden und zusammen mit dem Grünkernschrot im heißen Fett andünsten. Würzen, Brühe angießen und 15 Minuten garen. Mit dem Schneidstab des Handrührgerätes pürieren. Restliches Gemüse 5 Minuten in der Suppe mitgaren.

Pro Portion ca. 195 Kalorien/ 819 Joule, 6 g Eiweiß, 8 g Fett, 42 g Kohlenhydrate

DER EXTRA-TIP

Ist die Tomatensuppe (rechts) beim Kochen trübe geworden, wird sie so wieder klar: zwei Eiweiß verschlagen und in die Suppe geben. Unter Rühren aufkochen. Das Eiweiß umschließt die Trübstoffe und läßt sich dann ganz einfach abschöpfen.

Klar: In die Suppe kommen Morcheln

Klare Tomatensuppe

(4 Portionen)

1 kg reife Tomaten
2 Zwiebeln
1 Bund Suppengemüse
1 TL Kräutersalz
3 EL Sojasoße
½ l Gemüsebrühe (Würfel od. Instant)
15 g getrocknete Morcheln
50 g Glasnudeln, 150 g Tofu
½ Bund Kerbel

Tomaten grob zerkleinern (1 Tomate aufheben). Zwiebeln abziehen, vierteln. Suppengemüse putzen, waschen, kleinschneiden. Tomaten, Zwiebeln, Gemüse mit Kräutersalz, Sojasoße und Brühe 30 Minuten bei schwacher Hitze garen. Morcheln einweichen. Glasnudeln kleinschneiden, 3 Minuten in heißem Wasser ziehen lassen, abtropfen. Tofu und abgetropfte Morcheln in feine Streifen schneiden. Tomate entkernen, würfeln. Die Suppe durch ein feines Sieb geben, nochmals abschmecken. Nudeln, Tofu, Morcheln, Tomate und Kerbel in die Suppe geben.

Pro Portion ca. 174 Kalorien/ 730 Joule, 21 g Eiweiß, 10 g Fett, 7 g Kohlenhydrate

Wichtig bei Glasnudeln:

Die exotischen Nudeln sind endlos lang, deshalb mit einer Schere stückweise abschneiden. Sie lassen sich dann besser essen.

Italienisch: mit Parmesan und Basilikum

Grießsuppe

(4 Portionen)

1 Bund Petersilie
75 g Parmesankäse
3 Eier
50 g Vollgrieß
1 Prise Muskatnuß
1 l Gemüsebrühe (Würfel od. Instant)
½ Bund Basilikum

Petersilie fein hacken. Käse reiben. Eier, Grieß, Petersilie und geriebene Muskatnuß mit ½ Tasse Brühe verquirlen. Restliche Brühe aufkochen, die Grießmasse einrühren und unter Rühren solange kochen, bis die Suppe sämig wird. Mit Basilikumblättern anrichten.

Pro Portion ca. 160 Kalorien/ 672 Joule, 14 g Eiweiß, 10 g Fett, 13 g Kohlenhydrate

DER EXTRA-TIP

Parmesan schmeckt viel besser, wenn er frisch gekauft und gerieben wird. Ganz schnell geht das übrigens im Mixer oder im Universalzerkleinerer. Reste immer kühl und trocken aufbewahren – sie werden sonst schnell ranzig.

Hirsesuppe mit Pesto

(4 Portionen)

1 Zwiebel
300 g grüne Bohnen
1 Blumenkohl (1 kg)
2 EL Öl
75 g Hirse
1½ l Gemüsebrühe (Würfel o. Instant)
Pfeffer aus der Mühle

Für das Pesto:

2 Bund Petersilie
2 Knoblauchzehen
100 g gemahlene Mandeln
7 EL Olivenöl
Kräutersalz, Pfeffer

Zwiebel abziehen, würfeln. Bohnen putzen, waschen, kleinschneiden. Blumenkohl putzen, waschen, in Röschen teilen. Zwiebel in heißem Öl andünsten. Gemüse zugeben, 5 Minuten andünsten, herausnehmen. Hirse in den Topf geben, Brühe angießen und 15 Minuten garen. Gemüse wieder zufügen und weitere 15 Minuten garen. Würzen. Petersilie fein hacken, Knoblauch abziehen, fein hacken. Beides mit den Mandeln mischen, Öl unterrühren und würzen.

Pro Portion ca. 583 Kalorien/
2449 Joule, 15 g Eiweiß, 39 g Fett,
28 g Kohlenhydrate

Wichtig bei Pesto:

Pesto – die italienische Kräuterpaste – gelingt am besten im Mixer oder Universalzerkleinerer. Darin werden alle Zutaten sämig gemixt.

Knackiges für den kalten Imbiß

Rohe Gemüse und Salate liefern Vitamine satt. Aber sie enthalten auch so wichtige Bestandteile wie ätherische Öle, Farb- und Bitterstoffe. Sie tun also viel für Ihre Gesundheit, wenn Sie täglich Rohkost essen

Südländisch: Die Tomatenbrote haben die italienischen Crostini zum Vorbild, die Paste kommt aber auf Vollkornbrötchen

Geröstete Tomatenbrote

(20 Stück)

4 Vollkornbrötchen (à 70 g)
800 g Fleischtomaten
1 Zwiebel (50 g)
1 Knoblauchzehe
2 EL kaltgepreßtes Olivenöl
Meersalz, Pfeffer
50 g schwarze Oliven (ohne Stein)
1 Bund Basilikum

Brötchen in je 5 Scheiben schneiden. Tomaten mit heißem Wasser überbrühen, häuten und entkernen. Fruchtfleisch würfeln. Zwiebel und Knoblauch abziehen und fein würfeln. Im Olivenöl andünsten. Tomaten zugeben und in circa 25 Minuten dicklich einkochen. Mit Meersalz und Pfeffer abschmecken. Oliven und Basilikum hacken und zum Tomatenpüree geben. Brotscheiben auf ein Backblech legen und im Backofen (E-Herd: 200 Grad; Gasherd: Stufe 3) 15 Minuten rösten. Tomatenmasse auf dem noch warmen Brot verteilen. Schmeckt warm und kalt als Vorspeise oder kleiner Imbiß.

Pro Stück ca. 65 Kalorien/
271 Joule, 1 g Eiweiß, 2,5 g Fett,
6 g Kohlenhydrate

Bunter Salat

(4 Portionen)

1 Zucchini (200 g)
100 g Champignons
1 kleiner Radicchiosalat (100 g)
1 kleiner Bataviasalat oder
Lollo Rosso (200 g)
4 hartgekochte Eier
⅛ l Walnußöl
2 EL Crème fraîche
2 EL Rotweinessig
Meersalz, Pfeffer
1 Kästchen Kresse

Zucchini und Champignons putzen, waschen und in Scheiben schneiden. Salate putzen, waschen, grob zerkleinern, abtropfen lassen. Eier pellen, halbieren und das Eigelb für die Salatsoße herausnehmen. Eiweiß würfeln und mit den vorbereiteten Zutaten mischen. Eigelb durch ein feines Sieb streichen, Öl mit den Schneebesen des Handrührgerätes nach und nach unterschlagen. Crème fraîche und Essig zugeben, würzen. Soße über den Salat gießen. Kresse darüberstreuen. Dazu schmeckt Vollkornbrot.

Pro Portion ca. 400 Kalorien/ 1680 Joule, 8 g Eiweiß, 37 g Fett, 6 g Kohlenhydrate

DER EXTRA-TIP

Wenn die selbstgemachte Mayonnaise mal geronnen ist, gibt's noch Rettung: Ein Eigelb mit Zitronensaft oder Essig verrühren. Dann die geronnene Mayonnaise langsam zurühren, danach das restliche Öl. Am besten dafür den Pürierstab des Handrührgeräts nehmen.

Pikant: selbstgemachte Käsekugeln

Frischkäsekugeln

(12 Stück)

2 l Vollmilch
2 EL Buttermilch
20 Tropfen Labferment (aus der Apotheke)
je 1 Bund Petersilie und Schnittlauch
2 EL Mandelblättchen
1 EL Paprikapulver, edelsüß
Meersalz

Milch und Buttermilch einmal aufkochen und abkühlen lassen. Labferment mit einem Schneebesen 2 Minuten lang unter die warme Milch rühren. Bei Zimmertemperatur 2 Stunden stehen lassen. Die geronnene Milch mit einem Messer in Würfel schneiden. Eine weitere Stunde stehenlassen, damit die Molke austreten kann. Geronnene Milch in ein Spitzsieb (oder ein mit Mulltuch ausgelegtes anderes Sieb) geben. Über Nacht bei Zimmertemperatur abtropfen lassen. Den Frischkäse portionsweise in ein Mulltuch geben und zu Bällchen formen. Kräuter hacken und mischen. Je 4 Bällchen in Mandelblättchen, Kräutern und Paprikapulver wenden. Anschließend mit Salz bestreuen.

Pro Stück ca. 108 Kalorien/
454 Joule, 5 g Eiweiß, 5 g Fett,
8 g Kohlenhydrate

Wichtig bei Frischkäse:

Selbstgemachter Frischkäse bekommt seine runde Form, wenn er portionsweise in einem Mulltuch geformt wird.

Kartoffelsalat

(4 Portionen)

1 kg Kartoffeln
1 Bund Radieschen
1 Salatgurke
200 g Löwenzahn
1 Zwiebel
¼ l Gemüsebrühe
(Würfel oder Instant)
5 EL Weißweinessig
2 TL mittelscharfer Senf
Kräutersalz, Pfeffer
1 Bund Schnittlauch

Kartoffeln in der Schale garen, pellen und in Scheiben schneiden. Radieschen putzen, waschen, vierteln. Gurke schälen, längs halbieren und entkernen. In Würfel schneiden. Löwenzahn putzen, waschen, grob zerteilen. Zwiebel abziehen, würfeln und mit Brühe, Essig und Senf einmal aufkochen. Würzen. Kartoffeln damit begießen, 30 Minuten ziehen lassen. Alle vorbereiteten Zutaten mischen und mit Schnittlauchröllchen bestreuen.

Pro Portion ca. 225 Kalorien/
945 Joule, 8 g Eiweiß, 1 g Fett,
50 g Kohlenhydrate

DER EXTRA-TIP

Löwenzahn wird zwar inzwischen in Gemüseläden angeboten, aber Sie können ihn auch zum Nulltarif sammeln. Ab März beginnt das Wildkraut mit den gezähnten Blättern zu sprießen. Wichtig: Nur Löwenzahn sammeln, der weitab von Autostraßen wächst (Schadstoffe!).

Sellerie-Gurken-Salat

(4 Portionen)

1 Friséesalat (200 g)
1 Staudensellerie (300 g)
1 Bund Radieschen
1 Bund Lauchzwiebeln
250 g Tomaten
1 Salatgurke

Für die Marinade:

4 EL Olivenöl
3 EL Rotweinessig
Kräutersalz, Pfeffer
1 TL Honig
50 g geriebener Parmesankäse
2 Scheiben Vollkornbrot
20 g Butter oder Margarine

Blattsalat putzen, waschen, grob zerkleinern und abtropfen lassen. Sellerie, Radieschen, Lauchzwiebeln und Tomaten waschen und kleinschneiden. Gurke schälen, längs halbieren und entkernen. In Würfel schneiden. Alle Zutaten mischen. Öl, Essig, Gewürze und Honig verrühren, über den Salat geben. Käse unterheben. Vollkornbrot würfeln und in heißem Fett rösten. Über den Salat streuen.

Pro Portion ca. 270 Kalorien/
1134 Joule, 5 g Eiweiß, 16 g Fett,
25 g Kohlenhydrate

DER EXTRA-TIP

Gurken – besonders wenn sie aus dem Freiland kommen – sind am Stielansatz oft bitter. Deshalb werden sie immer von oben nach unten zum Stiel hin geschält. Die Enden am besten vorher probieren und eventuell abschneiden.

Pilzterrine

(8 Portionen)

500 g Champignons
500 g Austernpilze
1 Bund Lauchzwiebeln
1 Zwiebel, 1 Knoblauchzehe
200 g Möhren, 1 Kohlrabi (200 g)
3 EL Butter oder Margarine
Kräutersalz, Pfeffer aus der Mühle
2 TL Zitronensaft, 5 Eier
100 g geriebener Emmentaler
1 Bund Majoran
4 EL Vollkorn-Paniermehl

Champignons putzen. 10 Champignons zur Seite legen, Rest in Scheiben schneiden. Austernpilze kleinschneiden. Die Lauchzwiebeln putzen, in Ringe schneiden. Zwiebel und Knoblauch abziehen, fein würfeln. Möhren und Kohlrabi schälen, fein raspeln. Pilze und Gemüse im heißen Fett andünsten, würzen. Eier, Käse, Majoranblättchen und Paniermehl mit der Pilzmasse mischen. Die Hälfte in eine Terrinenform füllen, restliche Champignons darauf verteilen. Pilzmasse daraufstreichen. Deckel auf die Terrinenform legen und auf die mit Wasser gefüllte Fettpfanne des Backofens stellen. Im Backofen (E-Herd: 200 Grad; Gasherd: Stufe 3) 60 Minuten garen. Abkühlen lassen, aus der Form lösen.

Pro Portion ca. 241 Kalorien/ 1012 Joule, 15 g Eiweiß, 12 g Fett, 15 g Kohlenhydrate

Kombiniert: Kohl, Rosinen und Mandeln

Weißkohl-Rosinen-Salat

(2 Portionen)

½ Kopf Weißkohl (400 g)
50 g Rosinen
50 g gehackte Mandeln

Für die Soße:

125 ml Schlagsahne
Saft ½ Zitrone
2 TL Honig

Weißkohl putzen, vierteln und in feine Streifen schneiden. Waschen und abtropfen lassen. Mit den Rosinen und Mandeln mischen. Soße aus Sahne, Zitronensaft und Honig rühren und über den Salat geben.

Pro Portion ca. 381 Kalorien/ 1598 Joule, 9 g Eiweiß, 34 g Fett, 32 g Kohlenhydrate

DER EXTRA-TIP

Roher Weißkohl kann leicht sehr hart schmecken. Bekömmlicher und weicher wird er, wenn er kurz in kochendem Wasser blanchiert wird. Eine andere Möglichkeit besteht darin, die Weißkohlstreifen mit wenig Salz kräftig durchzustampfen.

Sättigend:
mit Käse und
Joghurtsoße

Paprikasalat mit Käse

(4 Portionen)

1 Eisbergsalat (400 g)
je 1 rote und grüne Paprikaschote
200 g mittelalter Gouda

Für die Marinade:
1 Becher Vollmilchjoghurt (150 g)
2 EL Crème fraîche
Kräutersalz, Pfeffer
je 1 Bund Petersilie und Schnittlauch

Salat putzen, waschen, grob zerteilen und abtropfen lassen. Paprikaschoten putzen, waschen und in Ringe schneiden. Käse würfeln. Alle vorbereiteten Zutaten mischen. Aus Joghurt, Crème fraîche, Gewürzen und gehackten Kräutern eine Marinade rühren. Über den Salat geben. Dazu schmeckt Brot.

Pro Portion ca. 344 Kalorien/ 1445 Joule, 18 g Eiweiß, 19 g Fett, 9 g Kohlenhydrate

DER EXTRA-TIP

So wird Joghurt selbstgemacht: Einen Liter Vollmilch aufkochen, auf etwa 50 Grad (Milchthermometer) abkühlen, 150 g Vollmilchjoghurt unterrühren. In einer verschlossenen Thermoskanne 10 bis 12 Stunden stehenlassen, umfüllen und in den Kühlschrank stellen.

Schnell: mit hartgekochten Eiern

Eier-Kartoffel-Salat

(2 Portionen)

2 hartgekochte Eier
300 g Pellkartoffeln
1 Kopfsalat
1 Kästchen Kresse

Für die Marinade:

1 Zwiebel
2 EL Weinessig
1 EL mittelscharfer Senf
Kräutersalz, Pfeffer
1 TL Honig
5 EL Sonnenblumenöl

Eier pellen und vierteln. Kartoffeln pellen und in Scheiben schneiden. Salat putzen, waschen, in Streifen schneiden und abtropfen lassen. Alle Zutaten mischen. Kresse darüberstreuen. Zwiebel abziehen, fein würfeln, mit den restlichen Zutaten für die Marinade verrühren und über den Salat gießen. Dazu schmeckt Bauernbrot.

Pro Portion ca. 572 Kalorien/ 2402 Joule, 15 g Eiweiß, 40 g Fett, 28 g Kohlenhydrate

Wichtig bei Salat:

So bleibt Salat im Gemüsefach frisch: Die tropfnassen Blätter in eine Plastiktüte legen, Tüte etwas aufpusten und verschließen.

Käsepastete

(10 Portionen)

200 g reifer Camembert
200 g Butterkäse
200 g Butter
200 g Doppelrahmfrischkäse
Kräutersalz, Pfeffer
1 Topf Basilikum
1 Bund Schnittlauch
2 Knoblauchzehen

Camembert und Butterkäse entrinden und getrennt voneinander durch ein Sieb streichen. Jeweils mit 100 g Butter verkneten. Frischkäse mit den Gewürzen verrühren. Basilikum hacken, Schnittlauch in Röllchen schneiden und unter die Frischkäsemasse rühren. Knoblauch abziehen, dazupressen. Eine Backform mit kaltem Wasser ausspülen, die drei Käsemassen darin übereinanderschichten. Kalt stellen. Vor dem Servieren stürzen. Mit Petersilie anrichten. Dazu schmeckt kerniges Vollkornbrot.

Pro Portion ca. 367 Kalorien/
1543 Joule, 12 g Eiweiß, 34 g Fett,
1 g Kohlenhydrate

DER EXTRA-TIP

Die Käsepastete kann ganz unterschiedlich abgefüllt werden – z.B. in eine Karreeform oder kleine Portionsförmchen. Wichtig: die Form vor dem Einfüllen mit kaltem Wasser ausspülen, sonst läßt sich die Pastete nicht aus der Form stürzen.

Orangen-Chicorée-Salat

(4 Portionen)

2 Stauden Chicorée (ca. 250 g)
1 Kopf Radicchiosalat (250 g)
½ Kopf Eisbergsalat
2 Orangen
50 g Walnußkerne
150 g Blauschimmelkäse

Für die Marinade:

Saft von 2 Orangen
4 EL Öl
1 EL Honig
2 EL Weißweinessig
Kräutersalz, Pfeffer

Chicorée längs halbieren, den bitteren Kern keilförmig herausschneiden. Blätter ablösen, waschen. Salate putzen, waschen, in Streifen schneiden und abtropfen lassen. Orangen schälen und filieren. Nüsse grob hacken, Käse würfeln. Marinadenzutaten verrühren. Alle Zutaten mischen und auf den Chicoréeblättern anrichten.

Pro Portion ca. 390 Kalorien/ 1638 Joule, 13 g Eiweiß, 31 g Fett, 23 g Kohlenhydrate

DER EXTRA-TIP

Chicorée mag es am liebsten dunkel. Denn Sonnenlicht läßt die weißen Stauden grün und bitter werden. Deshalb gehört Chicorée, wie andere Salate auch, am besten ins Gemüsefach des Kühlschranks.

Nudelsalat

(4 Portionen)

200 g Vollkornnudeln
(z.B. Bandnudeln)
Meersalz
je 1 rote und grüne Paprikaschote
(à 200 g)
200 g Kirschtomaten
1 Dose Kidneybohnen (225 g)
1 Dose Maiskörner (285 g)

Für die Marinade:
1 Eigelb
1 TL Zitronensaft, Salz
Pfeffer, 1 TL Honig
⅛ l Traubenkernöl
4 EL Vollmilchjoghurt
1 TL Senf
1 Bund Petersilie
2 EL Sesamsamen

Nudeln in reichlich Salzwasser 10 Minuten garen, abtropfen und abkühlen lassen. Paprikaschoten putzen, waschen und in Streifen schneiden. Tomaten waschen, halbieren. Bohnen und Mais abtropfen lassen. Alle Zutaten mischen. Für die Marinade Eigelb mit Zitronensaft, Salz, Pfeffer und Honig verrühren. Öl unter ständigem Rühren nach und nach zufügen. Joghurt und Senf unter die Mayonnaise ziehen. Petersilie waschen, fein hacken, unterrühren. Soße über den Salat geben. Sesam in einer Pfanne ohne Fett rösten und über den Salat streuen.

Pro Portion ca. 578 Kalorien/
2427 Joule, 14 g Eiweiß, 5 g Fett,
49 g Kohlenhydrate

Ei mit Käse-Gurken-Creme

(1 Portion)

1 Ei
125 g Doppelrahmfrischkäse
1 EL Vollmilch
Kräutersalz, Pfeffer
1 Knoblauchzehe
½ Salatgurke (200 g)
½ Bund Schnittlauch

Ei in 8 Minuten hart kochen, abschrecken und pellen. Frischkäse mit Milch verrühren. Mit Kräutersalz und Pfeffer abschmecken. Knoblauch abziehen und zum Frischkäse pressen. Gurke schälen, Kerne mit einem Löffel herausschaben und fein raspeln. Unter den Frischkäse heben. Schnittlauch in Röllchen schneiden und darüberstreuen. Ei halbieren und zum Frischkäse essen. Dazu schmeckt Vollkornbrot.

Ca. 544 Kalorien/2284 Joule,
53 g Eiweiß, 81 g Fett,
52 g Kohlenhydrate.

DER EXTRA-TIP

Wie Sie erkennen, ob ein Ei frisch ist? Beim Braten darf das Eiweiß nicht auseinanderlaufen. Oder Sie legen das Ei in ein Glas kaltes Wasser – bleibt's liegen, ist es frisch, richtet es sich auf, ist es bis zu zwei Wochen alt. Schwimmt es oben – nicht mehr verwenden.

Schön kühl: Zum Gelee gibt's Krabben

Tomatengelee

(6 Portionen)

1 kg Tomaten, 1 Zwiebel
1 Knoblauchzehe
1 Staudensellerie (250 g)
1 Bund Basilikum
⅛ l Weißwein
Kräutersalz, Cayennepfeffer
Honig, 8 Blatt weiße Gelatine
250 g Krabbenfleisch

Tomaten waschen, grob zerkleinern. Zwiebel und Knoblauch abziehen, würfeln. Sellerie putzen, waschen, in Stücke schneiden. Alles zusammen mit dem kleingeschnittenen Basilikum in Wein aufkochen und 30 Minuten bei schwacher Hitze garen. Mit den Gewürzen abschmecken. Gelatine in kaltem Wasser 10 Minuten einweichen. Die Tomatenmasse durch ein Sieb streichen. Gelatine auflösen und unter die Tomatenmasse rühren. Eine Schüssel (16 cm ∅) kalt ausspülen, in die Mitte ein umgedrehtes Glas stellen. Tomatenmasse einfüllen und im Kühlschrank fest werden lassen. Aus der Form stürzen. Mit Krabbenfleisch anrichten. Dazu eine Joghurt-Kräutersoße reichen.

Pro Portion ca. 235 Kalorien/
990 Joule, 11 g Eiweiß, 1 g Fett,
6 g Kohlenhydrate

DER EXTRA-TIP

Das Tomatengelee macht sich attraktiv auf einem sommerlichen Buffet. Statt der Krabben kann es auch mit anderen feinen Dingen gefüllt werden, z.B. einem Waldorfsalat oder einem Frischkäse-Kräuter-Püree. Gut dazu: Vollkornbaguette.

Dekorativ: Sonnenblumenkerne geben Biß

Feldsalat mit Orangen

(2 Portionen)

200 g Feldsalat
2 Apfelsinen
1 EL Sonnenblumenkerne

Für die Marinade:
Saft ½ Apfelsine
Saft 1 Zitrone
1 EL Honig
3 EL Sonnenblumenöl
Kräutersalz, Pfeffer

Feldsalat putzen, gründlich waschen und abtropfen lassen. Apfelsinen schälen und in Filets teilen. Sonnenblumenkerne in einer Pfanne ohne Fett rösten. Aus Apfelsinensaft und Zitronensaft eine Marinade rühren. Honig, Öl und Gewürze zugeben. Soße über den Salat gießen und mit Sonnenblumenkernen bestreuen.

Pro Portion ca. 285 Kalorien/ 1197 Joule, 6 g Eiweiß, 21 g Fett, 42 g Kohlenhydrate

Wichtig beim Filieren:

Orange so dick schälen, daß alle weißen Teile entfernt sind. Mit einem Messer an den weißen Häuten der Spalte entlangschneiden, Filets herauslösen.

Würzig: mit Schafskäse und Vollmilchjoghurt

Spinatsalat

(2 Portionen)

350 g Spinat
200 g Tomaten

Für die Marinade:
50 g Schafskäse
1 Becher Vollmilchjoghurt (150 g)
Saft 1 Zitrone
Kräutersalz, Pfeffer
½ Bund Basilikum

Spinat verlesen und gründlich waschen. Abtropfen lassen und grob zerkleinern. Tomaten waschen und in Scheiben schneiden. Beides mischen. Schafskäse mit der Gabel etwas zerdrücken, mit Joghurt und Zitronensaft verrühren. Mit Salz und Pfeffer abschmecken. Basilikum fein schneiden, zugeben. Soße über die Salatzutaten geben. – Tip: Soll der Salat reichhaltiger werden, passen auch noch Champignons, Chicorée und Radicchio dazu.

Pro Portion ca. 197 Kalorien/ 827 Joule, 14 g Eiweiß, 10 g Fett, 12 g Kohlenhydrate

DER EXTRA-TIP

Schafskäse kommt aus den unterschiedlichsten Ländern: Bulgarien, Griechenland, Türkei, Italien und auch aus Deutschland (in Naturläden nachfragen). Sie unterscheiden sich vor allem im Salzgehalt. Am besten, man probiert sie mal durch.

**Pikant:
mit Quark, Paprika
und Schnittlauch**

Käseröllchen
(12 Stück)

12 dünne Scheiben Raclette-Käse (à 30 g)
250 g Magerquark
1 EL Schlagsahne
Kräutersalz, Pfeffer
1 TL Paprikapulver, edelsüß
1 Bund Schnittlauch

Käsescheiben entrinden. Quark mit Sahne und Gewürzen verrühren. Schnittlauch in Röllchen schneiden, unter die Quarkmasse rühren. Die Masse in einen Spritzbeutel füllen und auf die Käsescheiben spritzen. Die Scheiben aufrollen und mit Paprikapulver bestäuben.

Pro Stück ca. 107 Kalorien/ 449 Joule, 10 g Eiweiß, 5 g Fett, 2 g Kohlenhydrate

DAS EXTRA-REZEPT

Vollkornbaguette mit Ei
(3 Portionen; ohne Foto)

3 Eier, 1 Vollkornbaguette (oder 3 Vollkornbrötchen)
50 g Butter, 1 EL Kräuter
6 Kopfsalatblätter
1 Bund Schnittlauch
200 g Raclette-Käse in Scheiben

Eier hartkochen, pellen. Brot in 3 Teile schneiden, längs halbieren. Butter und feingehackte Kräuter verrühren, Brot damit bestreichen, Salatblätter drauflegen. Eischeiben darauf verteilen und mit Schnittlauchröllchen bestreuen. Käse darüberlegen, überbacken.

Pro Portion ca. 586 Kalorien/ 2463 Joule, 26 g Eiweiß, 39 g Fett, 20 g Kohlenhydrate

Provençalisch: die Marinade ist mit Olivenöl

Auberginen-Tomaten-Salat

(4 Portionen)

1 Aubergine (300 g)
50 ml Weißweinessig
500 g Tomaten
1 Zwiebel
150 g Schafskäse

Für die Marinade:

5 EL Olivenöl
3 EL Weißweinessig
Kräutersalz, Pfeffer, Honig
1 Bund Basilikum

Auberginen putzen, waschen und in Stifte schneiden. Mit Essig und 200 ml Wasser aufkochen und 5 Minuten garen. Abtropfen lassen. Tomaten waschen, in Scheiben schneiden. Zwiebel abziehen, in Ringe schneiden. Schafskäse würfeln. Alle Zutaten mischen. Die Zutaten für die Marinade (bis auf das Basilikum) verrühren und über den Salat geben. 30 Minuten im Kühlschrank durchziehen lassen. Basilikumstreifen vor dem Servieren darüberstreuen. Dazu schmeckt Bauernbrot.

Pro Portion ca. 280 Kalorien/ 1176 Joule, 2 g Eiweiß, 15 g Fett, 8 g Kohlenhydrate

DER EXTRA-TIP

Auberginen haben keinen großen Eigengeschmack und munden roh überhaupt nicht. Deshalb vertragen sie sich besonders gut mit kräftigem Öl, Gewürzen und Gemüsen. Im Gemüsefach des Kühlschranks bleiben sie eine Woche frisch.

Gefüllt: mit Tofu, Ananas und Weizenkörnern

Gefüllte Avocados

(6 Portionen)

3 Avocados (à 400 g)
Saft 1 Zitrone
150 g Tofu (Sojabohnenquark)
½ Ananas (600 g)
1 TL eingelegte grüne Pfefferkörner
1½ EL mittelscharfer Senf
Kräutersalz, Pfeffer
50 g gekeimte Weizenkörner (Reformhaus)

Avocados rundum bis zum Kern einschneiden. Die Hälften gegeneinander drehen. Kern herausnehmen und das Fruchtfleisch mit einem Löffel aus der Schale lösen (am Rand noch ½ cm Fruchtfleisch stehenlassen). Fruchtfleisch mit Zitronensaft beträufeln, damit es nicht braun wird. Mit dem Schneidstab des Handrührgerätes pürieren. Tofu abtropfen lassen, würfeln. Ananas mit Schale in 8 Spalten teilen, den harten Strunk entfernen. Fruchtfleisch von der Schale lösen. Avocadopüree, Tofu, Ananas, Pfefferkörner und Senf mischen, würzen. Die Masse in die Avocadoschalen füllen, Keime darauf streuen. Dazu schmeckt Vollkornbrot.

Pro Portion ca. 450 Kalorien/ 1885 Joule, 8 g Eiweiß, 38 g Fett, 16 g Kohlenhydrate

Wichtig bei Avocados:

Avocados werden verkauft, wenn das Fruchtfleisch noch hart ist. Um weich zu werden, muß die Frucht etwa zwei Tage bei Zimmertemperatur reifen.

Reichhaltig: mit Pilzen, Ei und Zwiebeln

Feldsalat mit pochiertem Ei

(6 Portionen)

Für den Salat:

150 g Feldsalat
250 g Champignons
2 rote Zwiebeln
6 Eier
100 ml Weißweinessig
2 TL Salz

Für die Marinade:

4 El Olivenöl
2 El Balsamessig
½ TL mittelscharfer Senf
Kräutersalz, Pfeffer
1 TL Honig
1 Bund Petersilie

Feldsalat putzen, waschen, abtropfen lassen. Champignons putzen, waschen und in Scheiben schneiden. Zwiebeln abziehen, in Ringe schneiden. Alles mischen. Die Eier aufschlagen, einzeln in eine Kelle geben und ins siedende Essig-Salz-Wasser gleiten lassen. Die Eier 4 Minuten ziehen lassen. Für die Marinade alle Zutaten verrühren. Den Salat auf Tellern anrichten, Marinade darübergeben. Auf jeden Salatteller ein pochiertes Ei legen. Gehackte Petersilie darüberstreuen.

Pro Portion ca. 200 Kalorien/
840 Joule, 9 g Eiweiß, 14 g Fett,
6 g Kohlenhydrate

DER EXTRA-TIP

Feldsalat ist ein Leichtgewicht. Bei einem Salat mit verschiedenen Zutaten rechnet man 20 bis 25 Gramm pro Portion. Bei einem Salat, der nur aus den grünen Blättern besteht, genügen 60 bis 100 Gramm (dann ist es eine üppige Portion).

Cremig:
Soße aus Sahne und Crème fraîche

Avocado-Endivien-Salat

(4 Portionen)

2 Avocados (à 300 g)
Saft ½ Zitrone
1 Endiviensalat
2 Kiwis
½ Staudensellerie (200 g)

Für die Soße:
150 g Crème fraîche
2 EL Schlagsahne
2 EL gemahlene Haselnüsse
Kräutersalz, Pfeffer
1 gelbe Paprikaschote (150 g)

Avocados halbieren, entkernen, schälen, achteln. Mit Zitronensaft beträufeln. Salat waschen, putzen, kleinschneiden. Kiwis schälen und in Scheiben schneiden. Sellerie waschen, putzen und in Streifen schneiden. Auf Tellern anrichten. Für die Soße alle Zutaten (bis auf die Paprikaschote) verrühren und über den Salat geben. Paprika putzen, waschen und sehr fein würfeln. Über den Salat streuen.

Pro Portion ca. 471 Kalorien/
1979 Joule, 6 g Eiweiß, 39 g Fett,
18 g Kohlenhydrate

DER EXTRA-TIP

Kiwis sind geradezu ideal für den Vorrat. Denn ihr hoher Vitamin-C-Gehalt – eine Kiwi liefert den Tagesbedarf eines Erwachsenen (75 mg) – verändert sich bei kühler Lagerung nur ganz geringfügig.

Gemischter Salat mit Sprossen

(4 Portionen)

1 Römersalat
60 g Alfalfa-Sprossen (Reformhaus)
125 g Möhren
300 g Tomaten
4 hartgekochte Eier

Für die Soße:

1 Becher Sahnejoghurt (150 g)
75 ml Schlagsahne
1 TL Haselnußöl
Kräutersalz, Pfeffer
1 TL Honig

Salat putzen, waschen, grob zerkleinern, abtropfen lassen. Sprossen abspülen, abtropfen lassen. Möhren schälen, in Stifte schneiden. Tomaten waschen, in Scheiben schneiden. Alles mischen. Eier pellen, halbieren, auf den Salat legen. Für die Soße Joghurt mit Sahne, Öl, Gewürzen und Honig verrühren und über den Salat geben.

Pro Portion ca. 275 Kalorien/ 1155 Joule, 12 g Eiweiß, 9 g Fett, 17 g Kohlenhydrate

DER EXTRA-TIP

Sprossen und Keime (gibt's in Reformhäusern) sind reich an Mineralstoffen und Vitaminen. Eine Tasse Alfalfa-Sprossen enthält zum Beispiel soviel Vitamin C wie etwa zehn Gläser Orangensaft. Aber: Je länger Sprossen lagern, desto mehr Vitamine gehen verloren.

Klassisch: mit selbstgerührter Mayonnaise

Waldorfsalat

(6 Portionen)

600 g Äpfel
400 g Knollensellerie
100 g Walnußkerne
100 g blaue Weintrauben

Für die Mayonnaise:

1 Eigelb
½ l Traubenkernöl
Meersalz, Pfeffer
2 EL Honig
1 Becher Vollmilchjoghurt (150 g)
1 Bund Zitronenmelisse

Äpfel schälen, Kerngehäuse herausschneiden. Sellerie ebenfalls schälen, waschen. Beides grob raspeln. Nüsse grob hacken. Trauben waschen, halbieren und entkernen. Alles mischen. Für die Mayonnaise Eigelb mit den Schneebesen des Handrührgerätes verrühren. Öl nach und nach unter Rühren zugießen. Gewürze, Honig und Joghurt unterziehen. Mayonnaise mit dem Salat mischen, mit Zitronenmelisse anrichten.

Pro Portion ca. 462 Kalorien/ 1940 Joule, 6 g Eiweiß, 24 g Fett, 20 g Kohlenhydrate

Wichtig bei Mayonnaise:

Damit die Mayonnaise auch gelingt, müssen alle Zutaten die gleiche Temperatur haben. Am schnellsten wird die Mayonnaise mit dem Handrührgerät gerührt.

Gefüllte Tomaten

(6 Stück)

6 Fleischtomaten (à 200 g)

Für die Füllung:

150 g Tofu
1 Bund Petersilie
1 Bund Dill
150 g Lauchzwiebeln
200 g Sahnequark
Kräutersalz, Pfeffer

Tomaten waschen, einen Deckel abschneiden und aufbewahren. Kerne mit einem Teelöffel aus den Tomaten lösen. Für die Füllung Tofu durch ein Sieb streichen. Kräuter waschen, trockenschütteln und hacken. Lauchzwiebeln putzen, waschen und in Ringe schneiden. Zusammen mit dem Quark zum Tofu geben, verrühren und würzen. Tomaten mit der Masse füllen, den Deckel wieder auflegen. Dazu schmeckt Vollkornbrot.

Pro Portion ca. 124 Kalorien/
522 Joule, 8 g Eiweiß, 5 g Fett,
9 g Kohlenhydrate

DER EXTRA-TIP

Kräuter lassen sich trocknen oder einfrieren. Thymian, Majoran, Beifuß, Rosmarin, Bohnenkraut und Salbei eignen sich zum Trocknen, schmecken aber dann kräftiger. Den Kälteschlaf mögen Dill, Petersilie, Basilikum, Borretsch, Pimpinelle und Minze.

Passen zueinander: Mais und Champignons

Champignon-Endivien-Salat

(2 Portionen)

200 g Champignons
100 g Endiviensalat
½ Dose Mais (150 g)

Für die Marinade:
Saft 1 Zitrone
3 EL Sonnenblumenöl
1 EL Hefewürzflocken (Reformh.)
Kräutersalz, Pfeffer
1 TL Honig

Champignons putzen, in Scheiben schneiden. Endiviensalat putzen, waschen, kleinschneiden und abtropfen lassen. Alles mit dem abgetropften Mais mischen. Eine Marinade aus Zitronensaft, Öl, Hefeflocken, Gewürzen und Honig rühren. Über die Salatzutaten geben. Dazu schmeckt Vollkorntoast.

Pro Portion ca. 221 Kalorien/
928 Joule, 11 g Eiweiß, 18 g Fett,
32 g Kohlenhydrate

DER EXTRA-TIP

Damit sich die Marinaden-Zutaten gut verbinden, am besten in einen Schüttelbecher oder ein Glas mit Twist-off-Deckel geben und kräftig schütteln. Essig-Öl-Marinaden halten sich im Kühlschrank übrigens eine Woche.

Deftig:
Mais, Paprika und Tomaten

Bunter Nudelsalat

(4 Portionen)

200 g Vollkornnudeln
2 TL Kräutersalz
1 Dose Maiskörner (285 g)
1 Zwiebel
300 g Tomaten
2 grüne Paprikaschoten
200 g junger Gouda

Für die Marinade:
3 EL Obstessig
3 EL Gemüsebrühe
5 EL kaltgepreßtes Olivenöl
Kräutersalz, Pfeffer
½ TL Paprikapulver, edelsüß

Nudeln in kochendem Salzwasser 8 Minuten garen. Abgießen und abtropfen lassen. Mais ebenfalls abtropfen lassen. Zwiebel abziehen und in Ringe schneiden. Tomaten putzen, waschen und in Scheiben schneiden. Paprika putzen, waschen, in Streifen schneiden. Käse würfeln. Alle vorbereiteten Zutaten mischen. Für die Marinade die Zutaten gut verrühren. Über den Salat geben und 1 Stunde im Kühlschrank durchziehen lassen.

Pro Portion ca. 576 Kalorien/ 2419 Joule, 16 g Eiweiß, 8 g Fett, 18 g Kohlenhydrate

Knoblauchig: Aioli und gekochte Eier

Eier mit Aioli

(Knoblauch-Mayonnaise)
(4 Portionen)

8 hartgekochte Eier, 1 Eigelb
1 TL Zitronensaft
1 EL Weißweinessig
Kräutersalz, Pfeffer
⅛ l kaltgepreßtes Olivenöl
4 EL Vollmilchjoghurt
3 Knoblauchzehen
1 Bund Basilikum
1 Bund Petersilie
100 g Alfalfa-Sprossen (Reformh.)

Eier pellen, halbieren. Eigelb mit Zitronensaft, Essig und etwas Salz mit dem Schneebesen des Handrührgerätes verrühren. Öl nach und nach, unter ständigem Rühren zugeben. Joghurt zugeben, Knoblauch abziehen, dazu pressen. Mit den Gewürzen abschmecken. Kräuter sehr fein hacken, unterheben. Knoblauch-Mayonnaise (Aioli) zusammen mit den Eiern und Sprossen anrichten.

Pro Portion ca. 519 Kalorien/
2179 Joule, 16 g Eiweiß, 46 g Fett,
2 g Kohlenhydrate

Wichtig bei Sprossen:

Sprossen und Keime lassen sich selber ziehen. Dafür gibt es in Reform- und Naturläden Extra-Gefäße (mit Anleitungen), oder Sie nehmen ein Einmachglas, das mit Mull verschlossen wird.

Gemüseplatte mit zwei Soßen

(2 Portionen)

2 Möhren
1 Kohlrabi (400 g)
½ Salatgurke
½ Rettich
1 Bund Radieschen

Für die Mayonnaise:

1 Eigelb
1 TL Zitronensaft
⅛ l Öl
100 g Magerquark
je 1 Bund Dill, Petersilie
1 Bund Schnittlauch, Kräutersalz

Für die Zitronensoße:

50 ml Schlagsahne
½ Becher Vollmilchjoghurt (75 g)
3 EL Zitronensaft
Kräutersalz, Zitronenpfeffer
1 TL Honig

Gemüse putzen, waschen. Möhren und Kohlrabi schälen, in Stifte schneiden. Gurke, Rettich und Radieschen in Scheiben schneiden. Zusammen anrichten. Eigelb und Zitronensaft mit den Schneebesen des Handrührgerätes verrühren. Öl unter Rühren nach und nach zugeben. Quark unterziehen. Fein gehackte Kräuter zufügen, abschmekken. Für die Zitronensoße Sahne anschlagen, Joghurt, Zitronensaft und Gewürze verrühren. Die beiden Soßen zum Gemüse reichen.

Pro Portion ca. 886 Kalorien/ 3721 Joule, 15 g Eiweiß, 77 g Fett, 21 g Kohlenhydrate

Glasklar: Gemüse unter Aspik

Gemüsesülze

(4 Portionen)

100 g Sojabohnensprossen
300 g Möhren, 150 g Staudensellerie
150 g Cocktailtomaten
½ Salatgurke (200 g)
1 Kästchen Kresse

Für den Aspik:

2 Knoblauchzehen, 1 Zwiebel
5 Gewürznelken
1¼ l Gemüsebrühe
100 ml Obstessig
2 EL Sojasoße, 2 Lorbeerblätter
4 TL Agar-Agar (Reformhaus)

Gemüse putzen, waschen und kleinschneiden. Knoblauch und Zwiebel abziehen, Zwiebel mit Nelken spikken. Die Zutaten für den Aspik (bis auf Agar-Agar) aufkochen, 15 Minuten sieden lassen. Agar-Agar mit Wasser anrühren und in die kochende Flüssigkeit rühren. 2 Minuten kochen lassen. Durch ein Sieb gießen. Ein Drittel des Gemüses in eine mit Wasser ausgespülte Glasform geben, mit Flüssigkeit bedecken. Im Kühlschrank fest werden lassen. Restliches Gemüse darauf verteilen, mit Flüssigkeit bedecken und über Nacht kühl stellen.

Pro Portion ca. 98 Kalorien/
412 Joule, 6 g Eiweiß, 0 g Fett,
19 g Kohlenhydrate

Wichtig bei Agar-Agar:

Agar-Agar immer in kaltem Wasser anrühren, in die kochende Flüssigkeit geben, aufkochen, unter Rühren 1 bis 2 Minuten kochen lassen.

Feines für den süßen Hunger

Die süße Seite der Vollwertküche ist vielseitig. Deshalb bietet dieses Kapitel nicht nur Torten und Kuchen, sondern auch Obstsalate und -grützen, Waffeln, Knödel, Pfannkuchen, Eis und Puddinge – köstlich!

Erdbeer-Frischkäse-Krokant-Torte

(12 Stücke)

250 g Puderzucker
50 g Haselnußblättchen
50 g kernige Haferflocken
1 EL Öl für das Blech
75 g Butter oder Margarine
200 g Doppelrahmfrischkäse
Mark einer Vanilleschote
4 EL Honig, 2 EL Zitronensaft
1 TL Agar-Agar, 500 g Schlagsahne
500 g Erdbeeren
2 EL kernige Haferflocken

Puderzucker bei geringer Hitze karamelisieren lassen, dabei nicht umrühren. Nüsse und Haferflocken unterrühren. Die Masse sofort auf ein geöltes Backblech streichen. Kalt in einen Gefrierbeutel geben und mit einer Kuchenrolle zerkleinern. Mit dem geschmolzenen Fett verrühren und eine mit Backpapier ausgelegte Springform (24 cm ∅) damit auslegen. Im Gefriergerät kühlen. Frischkäse mit Vanillemark, Honig und Zitronensaft verrühren. Agar-Agar mit 3 EL Wasser 2 Minuten kochen und vorsichtig unter den Frischkäse rühren. Steifgeschlagene Sahne (etwas zum Verzieren aufheben) unterziehen. Geputzte, halbierte Erdbeeren (einige zum Verzieren behalten) unter die Frischkäsemasse heben, auf den Krokantboden streichen. Mit der restlichen Sahne und den Erdbeeren verzieren. Haferflocken in die Mitte streuen. Torte ca. 2 Stunden kaltstellen.

Pro Stück ca. 439 Kalorien/
1843 Joule, 5 g Eiweiß, 28 g Fett,
35 g Kohlenhydrate

Eine durch und durch knusprige Torte: Der Boden ist aus Krokant, in die Mitte kommen Haferflocken

Sahnig: Vier Becher sind in der Füllung

Traubentorte

(16 Stücke)

4 Eiweiß
2 EL Honig
4 Eigelb
100 g Weizenmehl (Type 1050)
100 g Maisstärke
2 TL Backpulver

Für die Füllung:

je 350 g grüne u. blaue Weintrauben
6 EL Quittengelee
4 Becher Schlagsahne (800 g)
2 EL Ahornsirup
8 Blatt Gelatine

Eiweiß mit 4 EL Wasser und Honig sehr steif schlagen. Eigelb unterheben. Mehl, Stärke und Backpulver unterrühren. Boden einer Springform (26 cm ∅) mit Backpapier auslegen. Teig einfüllen, glattstreichen und im Backofen (E-Herd: 175 Grad; Gasherd: Stufe 2) 30 bis 35 Minuten backen. Abkühlen lassen und in drei Böden teilen. Trauben waschen, halbieren und entkernen. Quittengelee mit 2 EL Wasser erhitzen und glattrühren. Den unteren und den mittleren Boden mit Trauben belegen, einige zum Verzieren zurücklegen. Quittengelee darauf streichen. Sahne sehr steif schlagen, Ahornsirup zugeben. Gelatine in kaltem Wasser einweichen, ausdrücken und auflösen. Unter die Sahne ziehen. Die Hälfte der Sahne auf die mit Trauben belegten Böden streichen. Den letzten Boden auflegen. Restliche Sahne auf die Torte streichen, Trauben darauf verteilen. Die Torte kühl stellen.

Pro Stück ca. 296 Kalorien/
1243 Joule, 5 g Eiweiß, 18 g Fett,
28 g Kohlenhydrate

Apfelkuchen

(12 Stücke)

200 g Weizenmehl (Type 1050)
125 g Butter oder Margarine
2 Eier
1 Päckchen Backpulver
abgeriebene Schale 1 unbeh. Zitrone
5 El Ahornsirup
⅛ l Vollmilch
1 Möhre (100 g)
50 g gemahlene Haselnüsse
1 kg säuerliche Äpfel (z.B. Boskop)

Mehl, Fett, Eier, Backpulver, Zitronenschale, Sirup und Milch verrühren. Möhre schälen, fein raspeln und zusammen mit den Nüssen unter den Teig kneten. Eine Springform (26 cm ∅) mit Backpapier auslegen, Teig einfüllen. Äpfel schälen, halbieren, entkernen und die obere Seite mehrmals mit dem Messer einschneiden. Äpfel in den Teig drücken. Im Backofen (E-Herd: 200 Grad; Gasherd: Stufe 3) 40 bis 45 Minuten backen.

Pro Stück ca. 252 Kalorien/
1058 Joule, 4 g Eiweiß, 13 g Fett,
32 g Kohlenhydrate

Wichtig bei Böden:
Gebackene Kuchenböden müssen abkühlen, ehe der Belag draufkommt. Vor allem Mürbeteigböden brechen warm schnell. Praktisch ist ein Kuchengitter.

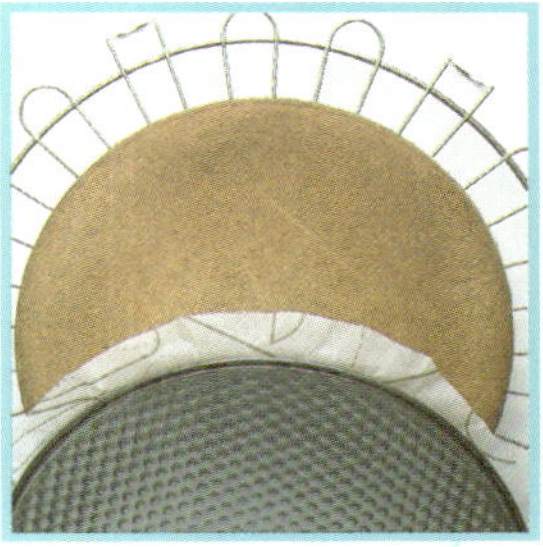

Gelb-grün: Pfirsiche und viel Pistazien

Buchweizen-Nektarinen-Torte

(12 Stücke)

4 Pfirsiche oder Nektarinen
250 g Butter oder Margarine
250 g Honig
½ TL Zimt
4 Eier
125 g Weizenvollkornmehl
200 g Buchweizenmehl
1 Päckchen Backpulver
2 EL Aprikosenkonfitüre
25 g gehackte Pistazienkerne

Früchte mit kochendem Wasser überbrühen, Haut abziehen. Halbieren, Stein entfernen und das Fruchtfleisch in Spalte schneiden. Fett, Honig und Zimt verrühren. Eier nach und nach zugeben. Mehle und Backpulver unterkneten. Teig in eine gefettete Springform (26 cm ∅) geben, Oberfläche glattstreichen und im Backofen (E-Herd: 200 Grad; Gasherd: Stufe 3) 30 Minuten backen. Aus dem Ofen nehmen und die Früchte darauf verteilen. Weitere 30 Minuten backen. Den noch warmen Kuchen mit der Konfitüre bestreichen und mit Pistazien bestreuen.

Pro Stück ca. 370 Kalorien/
1554 Joule, 7 g Eiweiß, 24 g Fett,
50 g Kohlenhydrate

DER EXTRA-TIP

Buchweizenmehl ist ein rundum gesundes und wohlschmeckendes Mehl. Es liefert Mineral- und viele Ballaststoffe. Da es aber kein Klebereiweiß enthält, muß es beim Backen immer mit anderem Mehl gemischt werden. Am besten geeignet sind Weizenvollkornmehl oder Weizenmehl Type 1050.

Früchtetorte

(12 Stücke)

200 g Weizenmehl (Type 1050)
125 g Butter oder Margarine
1 EL Honig
1 Ei
2 EL Vollmilch

Für den Belag:

200 g getrocknete Feigen
500 g getrocknete Pflaumen
50 g gehackte Mandeln
1 Becher Crème fraîche (150 g)
Saft 1 Zitrone, 1 TL Zimt, 1 Eigelb

Teigzutaten verkneten und 30 Minuten kühl stellen. Zwei Drittel Teig ausrollen, mit dem Springformrand (26 cm ∅) den Boden ausstechen und in die gefettete Form legen. Einen 2 cm breiten Streifen ausrollen und als Rand in die Form drücken. Feigen und Pflaumen sehr fein hakken oder pürieren. Mit Mandeln, Crème fraîche, Zitronensaft und Zimt verrühren. Fruchtmasse auf den Tortenboden streichen. Restlichen Teig ausrollen und in 2 cm breite Streifen schneiden. Als Gitter auf die Füllung legen, mit Eigelb bepinseln. Im Backofen (E-Herd: 200 Grad; Gasherd: Stufe 3) 40 bis 50 Minuten backen.

Pro Stück ca. 375 Kalorien/
1575 Joule, 5 g Eiweiß, 16 g Fett,
50 g Kohlenhydrate

Wichtig für den Teigboden:

Der Teig bekommt seine runde Form, wenn Sie mit dem Rand der Springform einen Boden ausstechen und in die Form legen.

Fix: Frisch schmecken sie am besten

Vollkornwaffeln mit Zimtsahne

(12 Stück)

Für den Teig:

200 g Weizenvollkornmehl
250 g Sahnequark
5 EL Vollmilch
3 Eier
¼ TL Kardamom
100 g gemahlene Mandeln
5 EL Ahornsirup

Für die Zimtsahne:

1 Becher Schlagsahne (250 g)
1 TL Zimt
300 g Brombeeren

Alle Teigzutaten verrühren, 20 Minuten ausquellen lassen. Waffeleisen vorheizen, Ober- und Unterseite gut einfetten. Jeweils 2 bis 3 EL Teig in das Waffeleisen geben und 5 bis 7 Minuten backen. Die Waffeln auf einem Kuchengitter abkühlen lassen. Für die Zimtsahne Sahne steif schlagen, Zimt unterrühren. Brombeeren verlesen, eventuell waschen. Sahne und Brombeeren zu den Waffeln reichen.

Pro Stück ca. 257 Kalorien/
1079 Joule, 8 g Eiweiß, 15 g Fett,
19 g Kohlenhydrate

DER EXTRA-TIP

Waffeln lassen sich prima für den Vorrat backen und dann einfrieren. Zwischen die einzelnen Waffeln Pergamentpapier legen, in Gefrierbeuteln verpakken und einfrieren (zwei Monate haltbar). Zum Auftauen auseinander nehmen.

Sanft: Im Teig sind Bananen und viel Honig

Bananenkuchen

(12 Stücke)

Für den Teig:

250 g Weizenvollkornmehl
125 g Butter oder Margarine
1 Ei, 2 EL Honig

Für den Belag:

¼ l Vollmilch, 50 g Vollgrieß
50 g Magerquark, 150 g Honig
3 Eier, 4 Bananen
Saft 1 Zitrone, 4 EL Honig
25 g gehackte Pistazienkerne

Teigzutaten verkneten, in eine gefettete Springform (26 cm ∅) geben, dabei einen kleinen Rand hochziehen. 30 Minuten kühl stellen. Milch aufkochen, Grieß einrühren und 5 Minuten quellen lassen. Grießmasse, Quark, Honig, Eier und 2 pürierte Bananen verrühren. Masse in die Springform füllen, glattstreichen und im Backofen (E-Herd: 175 Grad; Gasherd: Stufe 2) 75 Minuten backen. Kuchen auf ein Kuchengitter stürzen und auskühlen lassen. Restliche Bananen in Scheiben schneiden, mit Zitronensaft beträufeln. Auf den Kuchen legen und mit Honig bestreichen. Pistazien daraufstreuen.

Pro Stück ca. 330 Kalorien/
1386 Joule, 11 g Eiweiß, 13 g Fett,
40 g Kohlenhydrate

Wichtig beim Kuchenteig:

Profis streichen mit einer Palette den Teig glatt. Im kleinen Haushalt genügt ein einfacher Tortenheber. Der erfüllt seinen Zweck genauso.

Grüner Fruchtsalat

(8 Portionen)

1 Dose Litchis
(280 g, chinesische Früchte)
1 Honigmelone
3 Birnen
4 Kiwis
2 sehr reife Avocados (à 300 g)
3 EL Honig
Saft 1 Zitrone

Für die Soße:

2 Eigelb
Mark 1 Vanilleschote
3 EL Honig
500 g Mascarpone (italienischer Frischkäse, ersatzweise Sahnequark)
1 Bund Minze

Litchis abtropfen lassen. Melone halbieren, Kerne herausschaben. Fruchtfleisch von der Schale lösen, würfeln. Birnen waschen, vierteln, entkernen und würfeln. Kiwis und Avocados schälen und in Scheiben bzw. Spalte schneiden. Früchte mit Honig und Zitronensaft mischen. Eigelb mit Vanillemark, Honig und Mascarpone verrühren. Minzeblättchen kleinschneiden und in die Soße geben. Über den Salat gießen.

Pro Portion ca. 315 Kalorien/
1323 Joule, 10 g Eiweiß, 18 g Fett,
50 g Kohlenhydrate

DER EXTRA-TIP

Litchis – ursprünglich chinesische Früchte – wachsen auch in Australien, Indien, Südafrika oder Brasilien. Geschmacklich sind sie nicht jedermanns Sache, denn sie schmecken leicht parfümiert. Beim grünen Fruchtsalat kann man die blassen Früchte zur Not auch weglassen.

Hirsebrei mit Himbeeren

(2 Portionen)

150 g Hirse
100 ml Schlagsahne
1 EL Honig
300 g Himbeeren

⅛ l Wasser erhitzen. Hirse einstreuen und 5 bis 10 Minuten bei schwacher Hitze kochen. 20 Minuten ohne Hitzezufuhr ausquellen lassen. Sahne und Honig unterrühren. Himbeeren verlesen, eventuell waschen. Zum Hirsebrei essen. – Der Hirsebrei schmeckt kalt auch als Müsli oder fruchtige Nachspeise.

Pro Portion ca. 448 Kalorien/1882 Joule, 10 g Eiweiß, 20 g Fett, 74 g Kohlenhydrate

DAS EXTRA-REZEPT

Exoten-Müsli

(1 Portion; ohne Foto)

30 g Roggenkörner
1 Stück Honigmelone (150 g)
½ Granatapfel (150 g)
3 EL Kokosraspel
3 EL Sahnequark
1 EL Orangensaft, 1 EL Honig

Roggenkörner 12 Stunden in kaltem Wasser einweichen. 2–3 Tage keimen lassen, abspülen. Melone schälen, würfeln. Granatapfel entkernen. Melone und Kerne zu den Körnern geben. Kokosraspeln, Quark, Orangensaft und Honig verrühren und über das Müsli geben.

Ca. 573 Kalorien/2407 Joule, 20 g Eiweiß, 20 g Fett, 73 Kohlenhydrate

Obstgrütze mit Sago

(4 Portionen)

250 g Johannisbeeren
250 g Erdbeeren
250 g Rhabarber
1 unbehandelte Zitrone
375 ml roter Johannisbeersaft
Mark 1 Vanilleschote
75 g Sago
1 Zimtstange
3 EL Honig
1 Becher Schlagsahne (250 g)
50 g gemahlene Mandeln

Obst waschen und putzen. Johannisbeeren mit einer Gabel von den Rispen streifen. Erdbeeren halbieren. Rhabarber in 2 cm lange Stücke schneiden. Obst zur Seite stellen. Zitrone heiß abwaschen, die Schale dünn abschälen. Johannisbeersaft, Zitronenschale und Vanillemark erhitzen. Sago unter Rühren einstreuen, aufkochen und bei schwacher Hitze 10 Minuten quellen lassen. Das Obst und die Zimtstange dazugeben. 10 Minuten bei schwacher Hitze garen. Mit Honig süßen und abkühlen lassen. Sahne steif schlagen. Mandeln unterheben. Die Mandelsahne zur Grütze essen.

Pro Portion ca. 490 Kalorien/ 2058 Joule, 5 g Eiweiß, 26 g Fett, 54 g Kohlenhydrate

DER EXTRA-TIP

Die Vorzüge von Sago: Im Gegensatz zur Stärke kann sie direkt in Flüssigkeit gestreut werden, und sie quillt ohne nochmaliges Aufkochen (benötigt dazu aber ca. 15 Minuten). Sago ist gar, wenn die Kügelchen so richtig glasig aussehen.

Mohneis mit Aprikosenpüree

(6 Portionen)

⅛ l Vollmilch
Mark 1 Vanilleschote
75 g ungemahlener Mohn
75 g brauner Zucker
2 Eigelb
1 Becher Schlagsahne (250 g)
1½ EL Ahornsirup
500 g Aprikosen
1 Bund Zitronenmelisse

Milch und Vanillemark aufkochen. Mohn einstreuen und unterrühren. 10 Minuten quellen lassen. Zucker im Universalzerkleinerer fein mahlen. Zucker und Eigelb schaumig schlagen. Mohnmasse unterrühren. Sahne steif schlagen, mit Sirup abschmecken und unter die Mohnmasse heben. In eine kleine Kastenform (¾ l Inhalt) gießen und gefrieren lassen. Für die Fruchtsoße Aprikosen mit kochendem Wasser überbrühen, Haut abziehen und die Früchte entsteinen. Fruchtfleisch pürieren. Zitronenmelisse fein hakken, unterheben. Das Eis in Scheiben schneiden und das Aprikosenpüree dazu reichen.

Pro Portion ca. 337 Kalorien/ 1415 Joule, 6 g Eiweiß, 14 g Fett, 33 g Kohlenhydrate

Wichtig beim Häuten:

Um von Aprikosen oder Pfirsichen die Haut abziehen zu können, werden die Früchte mit einer Schaumkelle zuerst in kochendes Wasser und dann in kaltes Wasser getaucht.

Frisch: Preiselbeeren kommen mit hinein

Obstsalat

(2 Portionen)

2 Apfelsinen
1 Banane
2 Äpfel
100 g Preiselbeerkompott
Saft ½ Zitrone

Apfelsinen und Banane schälen und in Stücke schneiden. Äpfel schälen, vierteln, entkernen, in Scheiben schneiden. Vorbereitetes Obst mischen. Preiselbeeren mit Zitronensaft verrühren. Über den Salat geben.

Pro Portion ca. 258 Kalorien/ 1084 Joule, 4 g Eiweiß, 0 g Fett, 57 g Kohlenhydrate

DAS EXTRA-REZEPT

Beerenkompott

(6 Portionen; ohne Foto)

500 g Erdbeeren
250 g Himbeeren
5 EL Ahornsirup
50 ml Apfelsaft
1 TL Zimt

Erdbeeren verlesen, waschen, halbieren. Himbeeren ebenfalls verlesen. Ahornsirup in einem Topf karamelisieren lassen. Beeren und Apfelsaft hinzufügen, umrühren. Zimt zufügen und alles bei schwacher Hitze 5 Minuten garen. Schmeckt warm und kalt zu Milchreis oder Eis. Das Kompott kann auch mit anderen Beeren zubereitet werden.

Pro Portion ca. 101 Kalorien/ 424 Joule, 1 g Eiweiß, 0 g Fett, 24 g Kohlenhydrate

Lecker:
Pfannkuchen mit
Buchweizenmehl

Vollkornpfannkuchen mit Heidelbeerjoghurt

(8 Stück)

250 g Weizenmehl (Type 1050)
2 EL Buchweizenmehl
4 Eier
¼ l Milch
4 EL Ahornsirup
2 EL Butter oder Margarine

Für die Joghurt-Soße:
2 Becher Sahnejoghurt (à 150 g)
3 EL Ahornsirup
3 EL Pinienkerne
300 g Heidelbeeren

Weizen und Buchweizenmehl mischen. Eier, Milch, ⅛ l Wasser und Ahornsirup zufügen und mit den Schneebesen des Handrührgerätes verrühren. 30 Minuten quellen lassen. Fett erhitzen und nacheinander 8 Pfannkuchen backen. Joghurt und Ahornsirup verrühren. Pinienkerne in einer Pfanne rösten. Heidelbeeren verlesen, mit dem Joghurt mischen. Pinienkerne und Joghurt zum Pfannkuchen essen.

Pro Stück ca. 356 Kalorien/
1495 Joule, 10 g Eiweiß, 10 g Fett,
79 g Kohlenhydrate

Wichtig beim Pfannkuchen:
Am besten in einer beschichteten Pfanne backen. Zum Wenden gebackene Seite auf einen Teller geben und umgekehrt in die Pfanne stürzen.

Fruchtkaltschale mit Zimt-Schneeklößchen

(4 Portionen)

500 g rote Früchte
(Him-, Erd-, Johannisbeeren)
Schale und Saft 1 unbeh. Zitrone
60 g Honig
700 ml Sauerkirschsaft
1 EL Maisstärke

Für die Klößchen:
2 Eiweiß
75 g brauner Zucker
1 TL Zimt

Früchte waschen. Erdbeeren entstielen, Johannisbeeren von den Rispen streifen. Früchte mit Zitronensaft, Schale und Honig mischen. Mit dem Saft zum Kochen bringen und 8 Minuten bei schwacher Hitze kochen lassen. Stärke mit Wasser verrühren und die Suppe damit binden. Kühl stellen. Für die Klößchen Eiweiß sehr steif schlagen, dabei den Zucker nach und nach einrieseln lassen. Zimt unterheben. Mit zwei Eßlöffeln Klöße abstechen und auf die Suppe geben.

Pro Portion ca. 300 Kalorien/
1260 Joule, 2 g Eiweiß, 0 g Fett,
74 g Kohlenhydrate

DER EXTRA-TIP

Natürlich können Sie die Fruchtkaltschale auch mit tiefgefrorenen Früchten zubereiten. Dabei genau wie in unserem Rezept verfahren und die Früchte mit Obstsaft kochen. Haben Sie sehr viel Obst, können Sie den Saft natürlich auch selber herstellen.

Haferflockenauflauf

(4 Portionen)

- *500 g Pflaumen*
- *75 g Rosinen*
- *Fett für die Form*
- *50 g kernige Haferflocken*
- *100 g gemahlene Walnüsse*
- *2 EL Butter oder Margarine*

Für die Quarkmasse:

- *4 Eier*
- *3 EL Ahornsirup*
- *500 g Sahnequark*
- *1 EL kernige Haferflocken*

Pflaumen waschen und entsteinen. Mit den Rosinen mischen. Eine feuerfeste Form (2½ l Inhalt) einfetten und mit 1 EL Haferflocken ausstreuen. Obst hineingeben. Restliche Haferflocken in einer Pfanne ohne Fett rösten. Walnüsse und Fett zugeben. Unter Rühren schmelzen lassen. Die Masse auf den Pflaumen verteilen. Eier trennen. Eigelb und Ahornsirup mit den Schneebesen des Handrührgerätes schaumig schlagen. Quark unterrühren. Eiweiß steif schlagen und unter die Quarkmasse ziehen. Die Masse auf dem Obst verteilen, glattstreichen und mit den restlichen Haferflocken bestreuen. Im Backofen (E-Herd: 200 Grad; Gasherd: Stufe 3) 30 bis 40 Minuten backen.

Pro Portion ca. 744 Kalorien/
3124 Joule, 7 g Eiweiß, 25 g Fett,
53 g Kohlenhydrate

Kräftig: aus Vollkornbrötchen

Serviettenknödel mit Himbeerkompott

(4 Portionen)

400 g altbackene Vollkornbrötchen
¼ l Vollmilch
2 Eier, 2 EL Honig
Mark 1 Vanilleschote
40 g Mandelblättchen
3 EL Weizenvollkornflocken

Für das Kompott:
600 g Himbeeren
2 EL Ahornsirup

Brötchen in feine Scheiben schneiden. Milch erwärmen und zusammen mit den Eiern, Honig, Vanillemark und Mandelblättchen zu den Brötchen geben. Zu einem Teig verkneten, daraus einen Knödel formen. In den Flocken wenden, auf ein Küchentuch geben und zusammenknoten. Topf mit ½ l Wasser füllen. Einen Holzkochlöffel durch den Tuchknoten stecken, den Knödel über das kochende Wasser hängen. Im geschlossenen Topf 30 bis 40 Minuten garen. Früchte verlesen, ohne Flüssigkeit einmal aufkochen. Mit Ahornsirup süßen.

Pro Portion ca. 540 Kalorien/
2268 Joule, 15 g Eiweiß, 12 g Fett,
82 g Kohlenhydrate

DER EXTRA-TIP

Ahornsirup ist – vorausgesetzt die Flasche bleibt gut verschlossen – fast unbegrenzt haltbar. Angebrochene Flaschen werden im Kühlschrank aufbewahrt. Falls sich dennoch Schimmel bildet, großzügig entfernen und den Sirup noch mal auf 70 Grad erhitzen (darf nicht kochen!).

Gefüllte Bratäpfel

(4 Portionen)

4 Äpfel (à 150 g)
(z.B. Boskop oder Ingrid Marie)
150 g getrocknete Aprikosen
50 g Kürbiskerne
Saft u. Schale 1 unbeh. Zitrone
1 EL Apfelkraut
1 EL Crème fraîche
200 ml Schlagsahne
1 EL Weizenmehl (Type 1050)
1 TL Zimt
Mark 1 Vanilleschote, 1 Eigelb

Äpfel waschen, das Kerngehäuse mit einem Apfelausstecher entfernen. Aprikosen abspülen und in Würfel schneiden. Aprikosen, Kürbiskerne, Zitronenschale, Zitronensaft, Apfelkraut und Crème fraîche verrühren. Die Masse in die Äpfel füllen und in eine Auflaufform geben. 2 EL Sahne und Mehl verrühren. Restliche Sahne mit Zimt und Vanillemark mischen. Vanillesahne an die Äpfel gießen. Im Backofen (E-Herd: 200 Grad; Gasherd: Stufe 3) 30 Minuten garen. Äpfel herausnehmen, Soße mit angerührtem Mehl andicken, Eigelb unterziehen. Soße zu den Bratäpfeln essen.

Pro Portion ca. 550 Kalorien/
2310 Joule, 8 g Eiweiß, 28 g Fett,
62 g Kohlenhydrate

Wichtig beim Bratapfel:

Damit die Füllung in den Bratapfel kann, muß das Kerngehäuse ausgestochen werden – am besten geht's mit einem Apfelausstecher.

Grießschnitten mit Nußkruste

(4 Portionen)

1 l Vollmilch
Mark 1 Vanilleschote
Schale 1 unbehandelten Zitrone
200 g Hartweizengrieß
2 EL Honig, 2 Eigelb, 1 Ei
50 g gehackte Haselnüsse
50 g Kokosflocken
3 EL Butter oder Margarine

Für die Soße:

2 Mangos (à 400 g)
Saft 1 Zitrone, 2 EL Honig
Zitronenmelisse

Milch, Vanillemark und Zitronenschale aufkochen. Grieß einrühren, aufkochen. Honig unterrühren, 10 Minuten quellen lassen. Eigelb unterziehen. Die Hälfte eines Backbleches mit dem heißen Grieß bestreichen. Abkühlen lassen und in Rhomben schneiden. Ei verquirlen. Gehackte Haselnüsse und Kokosflocken mischen. Rhomben in Ei, dann in Nüssen wenden. Im Fett braten. Mangos schälen, pürieren. Mit Zitronensaft, Honig und gehackter Melisse abschmecken.

Pro Portion ca. 744 Kalorien/
3124 Joule, 9 g Eiweiß, 8 g Fett,
22 g Kohlenhydrate

DER EXTRA-TIP

Grieß können Sie auch selbst herstellen: Dazu die Getreidekörner in der Getreidemühle grob schroten und durchsieben. Im Sieb bleibt das Getreideschrot, das Durchgesiebte ist Grieß. Geeignet sind dafür Weizen, Grünkern und Mais.

Obstsalat mit Joghurt-Sahne-Soße
(6 Portionen)

3 Äpfel (à 200 g)
3 Birnen (à 200 g)
300 g blaue Weintrauben
300 g Brombeeren
Saft 1 Zitrone
2 EL Honig
100 g Walnußkerne

Für die Soße:
1 Becher Schlagsahne (200 g)
3 EL Sahnejoghurt
2 EL Honig
2 TL Zitronensaft

Äpfel und Birnen waschen, vierteln, entkernen und in Spalte schneiden. Trauben waschen, halbieren, entkernen. Brombeeren verlesen, waschen, trockentupfen. Früchte mischen. Zitronensaft, Honig und gehackte Walnüsse darübergeben. Für die Soße Sahne halbfest schlagen, Joghurt, Honig und Zitronensaft unterrühren. Die Soße über den Salat geben.

Pro Portion ca. 367 Kalorien/ 1541 Joule, 7 g Eiweiß, 28 g Fett, 52 g Kohlenhydrate

DER EXTRA-TIP

Bei Obstsalaten können Sie auf Honig auch ganz verzichten. Das Obst liefert genügend Süße. Wer's trotzdem lieber süßer mag: eine Banane zufügen.

Gefüllte Birnen

(4 Portionen)

4 Birnen (à 200 g), Saft 1 Zitrone
⅛ l trockener Weißwein
3 EL Johannisbeergelee
250 g Sahnequark
½ Becher Schlagsahne (100 ml)
2 EL Ahornsirup

Birnen schälen, längs halbieren. Mit einem Teelöffel aushöhlen. Mit Zitronensaft beträufeln. Birnen in Wein 12 Minuten dünsten. Birnen herausnehmen, abkühlen lassen und mit Gelee füllen. Für die Soße Quark, Sahne und Ahornsirup verrühren. Zu den Birnen reichen.

Pro Portion ca. 385 Kalorien/ 1619 Joule, 7 g Eiweiß, 14 g Fett, 45 g Kohlenhydrate

DAS EXTRA-REZEPT

Omelett mit Kompott

(2 Portionen; ohne Foto)

6 Eier, 4 EL Schlagsahne
1 Päckchen Vanillinzucker
2 EL Butter oder Margarine

Für das Kompott:

2 Birnen (à 125 g), 2 Orangen
1 Stange Zimt, 1 TL Honig

Eier trennen, Eigelb mit Sahne und Vanillinzucker verrühren. Eiweiß steif schlagen, unterheben. Im Fett zwei Omeletts backen. Birnen schälen, entkernen, in Scheiben schneiden. Orangen schälen, filieren. Saft auffangen. Früchte mit Zimt 5 Minuten dünsten. Mit Honig süßen.

Pro Portion ca. 679 Kalorien/ 2851 Joule, 24 g Eiweiß, 35,5 g Fett, 39 g Kohlenhydrate

Kaiserschmarren mit Kompott

(3 Portionen)

100 g Weizenvollkornmehl
40 g Weizenkleie
1 EL Honig, 2 Eier
1 EL Butter oder Margarine
30 g Rosinen
20 g gehackte Mandeln
200 ml Vollmilch
3 EL Butter oder Margarine

Für das Kompott:

500 g Pflaumen
1 Zimtstange
Schale ½ unbehandelten Zitrone
3 EL Honig

Mehl, Kleie, Honig, Eigelb, flüssiges Fett, Rosinen, Mandeln und Milch verrühren. 20 Minuten quellen lassen. Eiweiß steif schlagen, unter den Teig heben. Fett erhitzen und den Teig portionsweise braten. Mit zwei Gabeln in Stücke reißen. Pflaumen waschen, entkernen. Mit Zimt und Zitronenschale in ⅛ l Wasser 5 Minuten dünsten. Mit Honig abschmecken und zum Kaiserschmarren reichen. Kaiserschmarren nach Belieben mit Kokosflocken bestreuen.

Pro Portion ca. 528 Kalorien/ 2218 Joule, 15 g Eiweiß, 16 g Fett, 80 g Kohlenhydrate

Wichtig beim Kaiserschmarren:

Damit das österreichische Gericht sein typisches Aussehen bekommt, wird der gebackene Pfannkuchen mit zwei Gabeln noch in der Pfanne zerzupft.

Leicht: In die Creme kommt Sahne

Orangen-Joghurt-Creme

(6 Portionen)

2 Eier, 100 g Honig, 4 Orangen
500 g Vollmilch-Joghurt
7 Blatt Gelatine, 200 g Schlagsahne
2 EL gehackte Pistazien

Eigelb mit Honig dickschaumig aufschlagen. Saft von zwei Orangen und Joghurt unterrühren. Gelatine in kaltem Wasser einweichen, ausdrücken und bei schwacher Hitze auflösen. Unter die Joghurtmasse rühren, Orangen filieren. Sahne und Eiweiß getrennt steif schlagen und unter die Creme ziehen. Orangenfilets zugeben. Im Kühlschrank fest werden lassen. Mit Pistazien anrichten.

Pro Portion ca. 390 Kalorien/ 1638 Joule, 10 g Eiweiß, 18 g Fett, 32 g Kohlenhydrate

DAS EXTRA-REZEPT

Gebackene Bananen

(2 Portionen; ohne Foto)

2 Bananen, 3 EL Honig
1 EL gehackte Mandeln
1 EL Kokosflocken
1 EL honigsüße Hefeflocken
2 EL Butter oder Margarine
100 g Schlagsahne
75 g Vollmilchjoghurt

Geschälte Bananen mit Honig bestreichen und im Mandel-Kokos-Hefeflockengemisch wenden. Im Fett braten. Sahne steif schlagen, mit Joghurt verrühren, dazu essen.

Pro Portion ca. 510 Kalorien/ 2142 Joule, 6 g Eiweiß, 37 g Fett, 34 g Kohlenhydrate.

Rustikal: mit Quark und Mandelstiften

Hirsepudding mit Brombeeren

(4 Portionen)

200 g Hirse
½ l Orangensaft (frisch gepreßt)
4 Eier, 3 EL Ahornsirup
250 g Sahnequark
2 EL Mandelstifte
Fett für die Form
2 EL Vollkornpaniermehl

Für die Brombeeren:

500 g Brombeeren
1 EL Sago
1 EL Honig

Hirse in 400 ml Orangensaft aufkochen, 20 Minuten quellen lassen. Eier trennen, Eigelb und Sirup schaumig schlagen. Quark, Hirsebrei und Mandeln unterrühren. Eiweiß steif schlagen, unterheben. Die Masse in eine gefettete, mit Paniermehl ausgestreute Puddingform füllen. Im Wasserbad 45 Minuten garen. Danach 10 Minuten abkühlen lassen und stürzen. Brombeeren verlesen. Restlichen Orangensaft und Sago aufkochen, 10 Minuten quellen lassen. Beeren zufügen, einmal aufkochen und süßen. Früchte zum Pudding essen.

Pro Portion ca. 640 Kalorien/
2690 Joule, 23 g Eiweiß, 21 g Fett,
80 g Kohlenhydrate

Wichtig bei Pudding:

Soll der Hirsepudding eine Kruste kriegen, wird die Form mit Paniermehl ausgestreut. Die Form muß zu Dreiviertel im Wasser stehen.

Was ist was in der Vollwertküche?

Vitamine und Mineralstoffe sind das A und O der Ernährung. Aber in welchen Nahrungsmitteln stecken sie? Und: Was macht Tofu so wertvoll, warum geht's nicht ohne Hefe, und woher kommt zum Beispiel Agar-Agar? In diesem Kapitel erfahren Sie das wichtigste über die Bestandteile der Vollwerternährung

Agar-Agar: Gelierstarkes Pulver

Im Gegensatz zu Gelatine ist Agar-Agar kein tierisches Produkt. Es wird aus Rotalgen gewonnen und ähnelt deshalb den Pektinen im Obst. Da sich Agar-Agar in kaltem Wasser nicht löst, muß es immer zwei bis drei Minuten gekocht werden. Um einen Liter Flüssigkeit – etwa Brühe oder Saft – schnittfest zu machen, reichen bereits zwei Teelöffel des gelierstarken Pulvers.

Ahornsirup: Süßer Saft aus Kanada

Rund 40 Liter Ahornsaft sind nötig, um einen Liter Sirup herzustellen. Entsprechend teuer ist der süße Saft aus Kanada oder den USA. Dafür bleibt er aber auch unbegrenzt haltbar und läßt sich im Gegensatz zu Honig gut verteilen. Mit seinem süßen Aroma und dem unverkennbar feinen Eigengeschmack würzt er nicht nur Kompotte, Obstsalate oder Eis, er eignet sich auch gut für Soßen, Grillmarinaden und zum Glasieren von Grillfleisch. Am bekanntesten wurde er aber als Begleiter der Pancakes, der amerikanischen Buchweizenpfannkuchen.

Buchweizen: Reich an Eiweiß

Typisch für das dreieckige Korn ist sein kräftiger, leicht bitterer Geschmack. Im Gegensatz zum Weizen enthält Buchweizen kein Klebereiweiß und muß deshalb zum Backen mit anderen Getreiden gemischt werden. Es gibt Buchweizen als Mehl (für Pfannkuchen, Biskuit, Nudeln), als ganzes Korn (guter Reisersatz) und als Flocken (schmeckt prima im Müsli). Übrigens: Das Korn enthält dreimal soviel Lysin – ein essentieller Eiweißbaustoff, der für das Knochenwachstum wichtig ist – wie die meisten anderen Getreidesorten.

Butter: Unberührte Natur

Butter blieb zum Glück – was sie immer war – ein reines Naturprodukt. In großen Zentrifugen wird das Fett (Rahm) von der Milch getrennt, pasteurisiert und anschließend so lange geschlagen und geknetet, bis Buttermasse dabei herauskommt. Zu 80 Prozent besteht Butter aus Fett. Weil sie aber einen niedrigeren Schmelzpunkt als andere tierische Fette hat, ist sie besonders bekömmlich. Butter eignet sich zum Backen sowie zum Garen bei niedrigen Temperaturen – bei hohen Brattemperaturen verbrennt Butter schnell und bräunt stark.

Dunkles Mehl: Perfekter Rohstoff

Im Gegensatz zum Haushaltsmehl (Type 405) wird für's Vollkornmehl das volle Korn mitsamt der Schale genutzt. Dadurch enthält es mehr Vitamine, Mineralstoffe und Fette. Besonders vollwertküchentauglich sind: Weizenmehl Type 1050, ein dunkleres, mittelstarkausgemahlenes Feinmehl (für Brot, Brötchen, Kuchen); Weizenschrot Type 1700, ein dunkles Mehl von kräftigem Geschmack (ebenfalls für Brot und Brötchen); Roggenmehl Type 1150, das hellste und am wenigsten ausgemahlene Roggenmehl (zusammen mit Weizenmehl auch für Kuchen); Roggenmehl Type 1370, hochausgemahlenes Mehl (für Brot und Brötchen); Roggenschrot Type 1800, ein starkausgemahlenes Mehl (für kräftige Brote). Für alle hochausgemahlenen, also dunklen Mehle gilt: immer nur in kleinen Mengen kaufen und möglichst bald verbrauchen – sie werden schnell ranzig.

Eier: Kleine Kraftpakete

Harte Schale, wertvoller Kern: Hühnereier zählen zu den vitaminreichsten Lebensmitteln und liefern viel Kalzium, Phosphor und vor allem hochwertiges Eiweiß. Für Menschen, die kein Fleisch essen, ist das besonders wichtig, denn Eier sind – mit Kartoffeln oder Getreide kombiniert – ein wirklich vollwertiger Fleischersatz. Eier enthalten relativ viel Cholesterin. Wer einen zu hohen Cholesterinspiegel hat, sollte seinen Eierkonsum deshalb auf maximal eines pro Tag beschränken. Übrigens: Weißschalige Eier sind genauso gesund wie braune. Die Farbe hat lediglich mit der Hühnerrasse zu tun. Wobei sich die braune Schale meistens als kräftiger erweist.

Gemüsebrühen: Schnell und praktisch

Ob Würfel, Instantpulver oder Konzentrat – Gemüsebrühen erweisen sich als schnelle und praktische Hilfe in der Vollwertküche. Und sie haben viele gesunde Vorzüge: Sie sind bekömmlich, weil sie nur Pflanzenfett enthalten, der Zusatz von Hefe-Extrakt sorgt für reichlich B-Vitamin, außerdem steckt in ihnen eine Menge hochwertiges Pflanzeneiweiß, aber kein Cholesterin. Und noch ein Plus: Gemüsebrühen sind salzarm und bringen es höchstens auf 20 Kalorien/100 Gramm. Man kann mit den würzstarken Produkten nicht nur Suppen und Eintöpfe kochen, sondern auch Soßen und Salatmarinaden zubereiten. Und: Reis, Nudeln oder Getreidekörner in Gemüsebrühe gekocht schmecken besonders würzig.

Gerste: Von Grieß bis Graupen

Weil Gerstenmehl wenig Klebereiweiß hat, sollte es zum Backen immer mit Weizen- oder Roggenmehl gemischt werden. Aus Gerste wird Grieß und Grütze, werden Graupen und Flocken gemacht. Das kräftige Korn bietet reichlich Vitamine der B-Gruppe und Vitamin E. Dazu kommen so wichtige Mineralstoffe wie Eisen, Phosphor, Kalium und Kieselsäure.

Grünkern: Würzig durch Rösten

Die unreifen Körner des Dinkels (eine Weizenart) werden gedörrt bzw. geröstet. Das macht sie hart und mahlfähig, die Körner bekommen ihr typisch würzig-rauchiges Aroma, eine dunkle olivgrüne Farbe – und einen Namen: Grünkern nämlich. Grünkern gibt es als ganzes Korn, als Schrot, Grütze, Flocken, Grieß und Mehl. Es schmeckt gekocht (wie Reis) als Risotto, in Suppen und ist ideale Grundlage für Grünkernbraten und -frikadellen. Wegen der guten Backeigenschaften läßt sich Grünkern prima mit weniger backfähigen Mehlen (Hafer, Buchweizen) kombinieren.

Hafer: Das verkannte Korn

Hafer entpuppt sich als echtes Kraftfutter für den Menschen. Denn das längliche Korn enthält doppelt soviel hochwertiges Eiweiß wie andere Körner. Außerdem ist das Getreide mit 9,5 Gramm Fett/100 Gramm sehr fettreich. Besonders hoch liegt dabei der Anteil an essentiellen Fettsäuren (Linolsäure). Ebenso wichtig: der hohe Gehalt an Vitamin B_1 und an Mineralstoffen. Unumstrittener Star unter den Produkten aus dem gesunden Korn: die Haferflocke. Zum Backen eignet sich Hafermehl nur in Verbindung mit Weizenmehl.

Hefe: Voller Vitamin B

Daß man frische Hefe – oder getrocknete, die ja ebenfalls als Naturprodukt ohne Konservierungsstoffe angeboten wird – zum Backen verwendet, ist klar. Mit Hefeflocken oder Hefe-Extrakt läßt sich aber auch vorzüglich kochen. Hefeflocken schmecken leicht fleischähnlich und würzen deshalb Suppen, Soßen, Eintöpfe oder Marinaden. Hefe-Extrakt muß vorsichtig dosiert werden, weil's schnell bitter wird. Gut zu wissen: Bereits ein Eßlöffel Hefe-Extrakt oder zwei Eßlöffel Hefeflocken reichen aus, um den täglichen Bedarf an B-Vitaminen zu decken.

Hirse: Im Ganzen wertvoll

Ein durch und durch gesundes Getreide: Vitamine und Mineralstoffe sind bei der Hirse – anders als bei sonstigen Getreidesorten – im ganzen Korn vorhanden. Hirse enthält wertvolle Mineralstoffe wie Magnesium, Kalium, Phosphor, Fluor und Kieselsäure (gut für Zähne, Fingernägel und Haare) sowie reichlich Vitamine der B-Gruppe. Das gesunde Getreide gibt's als Korn oder Flocken. Hirse muß mit viel Flüssigkeit (Verhältnis 1:4) aufgekocht werden und anschließend ausquellen. Da die Körner viel Fett enthalten, werden sie schnell ranzig. Also nur kleine Portionen einkaufen.

Honig: Der schnelle Energiespender

In der Vollwerternährung wird Honig vor allem deshalb geschätzt, weil er ein echtes Naturprodukt ohne Zusätze ist. Er besteht zu 80 Prozent aus Trauben- und Fruchtzucker, der direkt ins Blut übergeht und deshalb schnell neue Energie bringt. Honig kann statt Zucker zum Süßen von Desserts, Müsli und zum Würzen von Marinaden verwendet werden. Wichtig beim Backen: Wird Honig statt Zucker verwendet, gilt die Hälfte der Zuckermenge. Beispiel: 125 g Honig = 250 g Zucker. Taucht im Rezept auch Flüssigkeit auf, muß sie um ein Achtel reduziert werden. Für lockere Rührteige eignet sich Honig nicht so sehr, weil er die Krume verklebt und den Teig hart macht. Da beim Kochen und Backen durch das Erhitzen Nährstoffe zerstört werden, genügt ein preiswerter Speisehonig.

Hülsenfrüchte: Gesunde Sattmacher

Rund 100 verschiedene Sorten gibt es weltweit. Sie alle liefern hochwertiges Eiweiß, viele Mineralstoffe, wie etwa Eisen, wichtige B-Vitamine und reichlich Ballaststoffe. Hier die wichtigsten Hülsenfrüchte: Die kleine rote Linse macht sich gut in Currys, die große braune kommt in herzhafte Eintöpfe. Mehligmild mundet die kantige Kichererbse. Verwendet wird sie wie die herzhaftere grüne Erbse. Wachtel-, Lima- und Augenbohnen schmecken als Salat wie als Gemüse und sind Grundlage für Suppen. Für getrocknete Hülsenfrüchte gilt: Einweichen ist nicht nötig, verkürzt aber die Garzeit um eine halbe Stunde. Einweichwasser immer mitverwenden, damit die darin gelösten Nährstoffe, z.B. wasserlösliche Vitamine, nicht verloren gehen. Kalt aufsetzen, damit das Eiweiß nicht gerinnt und das Gemüse beim Kochen weich wird.

Käse: Konzentrierte Milch

Käse ist nicht's anderes als Milch in konzentrierter Form. Denn für die Herstellung von einem Kilogramm Käse werden zehn Liter Milch benötigt. Und das alles hat Käse zu bieten: hochwertiges Eiweiß, leichtverdauliche Fette, die fettlöslichen Vitamine A, D, E und K (in fettreichen Sorten), die wasserlöslichen Vitamine B_1, B_2 und C (in mageren Sorten). Kalzium ist in allen Hart- und Schnittkäsesorten enthalten. Schon 125 Gramm Käse können den durchschnittlichen Kalzium-Tagesbedarf (800 mg) eines Erwachsenen decken.

Keime und Sprossen: Klein und gut

Frische Keimlinge sind wahre Wunderwerke der Natur: Während des Keimprozesses werden Kohlenhydrate zu Eiweiß und Vitaminen umgewandelt – der Gehalt an Eiweiß und Vitamin C und B steigt also, und gleichzeitig sinkt der Kaloriengehalt. Keimlinge lassen sich aus Hülsenfruchtsorten (Linsen, Bohnen, Erbsen) oder Getreide (Weizen, Hafer, Roggen) und Samen (Senf, Kresse) ziehen. Am bekanntesten: die Sojakeime aus der Mungobohne. So wie sie kann man auch die übrigen kaufen. Wer sie selber ziehen will (geht ganz einfach): Körner über Nacht in Wasser einweichen, dann abspülen, in ein Weckglas füllen und mit Mull zubinden. Zweimal pro Tag mit Wasser füllen, durchschütteln und zum Abtropfen umgekehrt auf ein Sieb stellen. Man kann natürlich auch spezielle Keimgeräte verwenden. Die Keimzeit beträgt etwa drei bis vier Tage. Wichtig: Weil sich währenddessen Hefepilze aus der Luft auf den Samen ansammeln, müssen die Sprossen vor dem Verzehr immer gründlich mit kaltem Wasser abgespült werden.

Klebereiweiß: Wie Klebstoff

Mehle enthalten unterschiedlich viel Klebereiweiß. Damit werden die im Inneren des Korns enthaltenen Eiweißstoffe bezeichnet, die beim Backen im feuchten Teig quellen und dann wie Klebstoff arbeiten. Dadurch bekommt der Teig seine Festigkeit. Am meisten Klebereiweiß weisen Weizenmehle auf, vor allem das Haushaltsmehl Type 405 (die höherausgemahlenen Weizenmehle haben zwar weniger, aber noch ausreichend). Die übrigen Getreidesorten enthalten kaum Klebereiweiß und müssen deshalb immer zum Backen mit anderen kleberreichen Mehlen gemischt werden, z.B. Hafermehl mit Roggen- oder Weizenmehl.

Leinsamen: Viele Ballaststoffe

Die braunen Samen bringen die Verdauung so richtig in Schwung. Dafür sorgen die vielen quellfähigen Ballaststoffe. Aber auch ihr Eiweißgehalt ist beachtlich: 100 Gramm können immerhin 20 Gramm vorweisen. Leinsamen schmeckt angenehm nussig und eignet sich deshalb gut für Müslis, Brot und Kuchen. Da er viel Fett (ca. 35 Prozent) enthält, muß er kühl und trocken gelagert werden. Bei Leinsamen wurde in letzter Zeit ein recht hoher Gehalt an Cadmium registriert. Das Bundesgesundheitsamt hat deshalb als neuen Richtwert 0,3 mg/Cadmium pro Kilogramm festgesetzt. Übrigens steckt im gelben Leinsamen weniger Cadmium als im braunen. Leinöl enthält dagegen überhaupt kein Schwermetall: Es bleibt bei der Pressung in den Schalen und Faserstoffen zurück.

Milch: Der Gesundheitsriese

Milch steckt voller lebenswichtiger Nährstoffe wie Eiweiß, Kalzium und den Vitaminen A, B_1 und B_2. Und je naturbelassener sie ist, um so mehr Nährstoffe werden erhalten. Für die Vollwertküche kommen daher lediglich zwei Sorten in Frage: Rohmilch, die völlig unbehandelt bleibt und nur direkt vom Erzeuger (Bauernhof) oder als Vorzugsmilch im Reformhaus verkauft werden darf, sowie die Vollmilch, die in der Molkerei ganz kurz erhitzt (pasteurisiert) wird, um eventuelle Bakterien zu vernichten. Aber Milch ist wie gesagt, nicht nur ein gesundes Getränk, sie dient auch als Basis für viele wertvolle Produkte wie Käse, Butter, Joghurt und Dickmilch.

Mohn: Der gehaltvolle Winzling

So klein der Mohnsamen aussieht, so prall voll ist er mit Nährstoffen: 100 Gramm enthalten 20 Gramm Eiweiß, gut 40 Gramm Fett und immerhin 536 Kalorien/2251 Joule. Sein feines, nußähnliches Aroma entfaltet Mohnsamen erst nach dem Mahlen. Dafür eignet sich die Kaffee- oder Getreidemühle. Aber viele Reformhäuser bieten auch einen Mahlservice. Gemahlener Mohn kommt in den Teig, oder die Füllung, Brötchen oder Brot werden mit ganzem Mohn bestreut.

Nüsse: Kernige Kraftspender

Nüsse gibt's viele. Zur Familie gehören nicht nur jene, die das Wort Nuß im Namen tragen, sondern auch so bekannte Sorten wie Eßkastanien, Mandeln, Pinienkerne und Pistazien. Alle haben eines gemeinsam: Unter der rauhen Schale steckt viel gesundes Eiweiß. Deshalb sind Nußkerne in der Vollwerternährung als Fleischersatz wichtig. Außerdem enthalten Nüsse bis zu 50 Prozent Fett mit einem hohen Anteil ungesättigter Fettsäuren. Das macht sie auch von daher besonders gehaltvoll. Weil Nüsse schnell ranzig werden, kauft man sie am besten nur in kleinen Mengen und mit Schale.

Pflanzliches Öl: Reich an Linolsäure

Aus Getreidekeimen, Früchten und Samen gepreßtes Öl macht – in Maßen verwendet – nicht fett, sondern fit! Denn Pflanzenöl bringt Vitamin E und hat einen besonders hohen Anteil mehrfach ungesättigter Fettsäuren. Besonders wichtig: Die Linolsäure, die unser Körper nicht selbst herstellen kann und die ihm deshalb mit der Nahrung zugeführt werden muß. Der Linolsäuregehalt ist je nach Ölsorte verschieden: Am meisten enthält Distelöl (ca. 80 Prozent).

Traubenkern-, Lein- und Nußöl bringen es auf rund 75 Prozent, gefolgt von Sonnenblumen-, Soja- und Weizenkeimöl mit einem Anteil von durchschnittlich 65 Prozent mehrfach ungesättigter Fettsäuren. Allerdings reagiert Linolsäure ziemlich empfindlich auf Licht, Wärme und Luft. Für die Vollwertküche sollten deshalb nur kaltgepreßte Öle verwendet werden. Und: Sie gehören in den Kühlschrank. Weil beim Erhitzen ein Teil der wertvollen ungesättigten Fettsäuren verlorengeht, ein guter Tip: Vor dem Essen noch einen Schuß kaltes Öl in das Gericht geben.

Reis: Am besten mit Schale

Reis hat alles zu bieten, was für eine gesunde Ernährung gut und wichtig ist – solange das Korn ungeschält bleibt und noch Silberhäutchen und Keim enthält: darin nämlich stecken die wertvollen Vitamine und Mineralstoffe. Dieser Naturreis, auch Voll- oder Braunreis genannt, wird natürlich nicht so schnell gar wie polierter Reis. Er braucht 30 bis 35 Minuten, schmeckt dafür aber auch würziger. Fixer ist Parboiled Reis fertig. Durch ein spezielles Verfahren besitzt dieser geschälte Reis noch einen Großteil der Mineralstoffe und Vitamine.

Roggen: Der Würzige mit Biß

Der grünlich-graue Roggen wird hauptsächlich zum Backen dunkler Brote verwendet. Er eignet sich aber auch hervorragend zum Kochen. Roggenflocken reichern Müslis, Pfannkuchenteig, Suppen und Joghurt an. Roggenschrot läßt sich in Bratlingen und Füllungen für Gemüse und Teigtaschen verwenden. Roggenkörner müssen vor der Weiterverarbeitung über Nacht (bzw. 8–10 Stunden) quellen. Danach kochen sie etwa 60 bis 90 Minuten im Einweichwasser, anschließend lassen sie sich wie Reis verwenden. Vom Inhalt her ist Roggen top: Er enthält reichlich Nähr-, Mineral- und Ballaststoffe sowie B-Vitamine. Weil Roggen wie jedes Getreide schnell ranzig wird, gilt auch hier: Roggenmehl immer nur in kleinen Mengen kaufen bzw. das Getreide selbst mahlen.

Sesam: Sagenhaft gesund

Die kleinen Sesamkörnchen gehören zu den gesündesten Lebensmitteln überhaupt. Denn sie enthalten rund 50 Prozent hochwertiges Fett, etwa 20 Prozent Eiweiß und andere wertvolle Nährstoffe wie z.B. Lecithin (gut für die Nerven). Am besten schmecken die Samen, wenn man sie ohne Fett röstet. Dann werden sie über Gemüse, Salate oder Süßspeisen gestreut. Sesam läßt sich (ungeröstet) außerdem zum Backen von Brot und Kuchen und zum Panieren verwenden. Aus Sesam gibt's noch Tahin – eine Paste, mit der man gut würzen kann. Außerdem auch Sesamöl, das sehr intensiv schmeckt und deshalb sparsam dosiert werden muß. Es zählt mit zu den teuersten Speiseölen (14 bis 16 Mark kostet ein halber Liter).

Sonnenblumenkerne: Kernig und gut

Die geschälten, nussig schmeckenden Kerne passen in pikante wie in süße Gerichte. An Suppen, Salate, in Kuchen- oder Brotteig kommen sie roh, besonders aromatisch aber werden die Kerne, wenn man sie kurz ohne Fett in einer Pfanne röstet. Ihre inneren Werte: 36 Prozent Fett mit einem hohen Anteil an mehrfach ungesättigten Fettsäuren, 27 Prozent Eiweiß, reichlich fettlösliche Vitamine sowie Eisen, Kalzium und Zink. Weil Sonnenblumenkerne schnell ranzig werden, sollte man sie nur in kleinen Mengen kaufen.

Tofu: Der Eiweißriese

In Ostasien gilt Tofu als preiswerter Ersatz für teures Fleisch. Die Vollwertkost hat Tofu entdeckt, weil er zwölf Prozent hochwertiges Eiweiß, wenig Fett (etwa sechs Prozent) und kein Cholesterin enthält. Hergestellt wird Tofu wie Quark – aus dem milchigen Saft der Sojabohne. Und ähnlich neutral wie Quark schmeckt Tofu auch. Was ihn zugleich so vielseitig macht, denn er paßt sich allen kräftigen Gewürzen und Gemüsen an.

Trockenfrüchte: Die süße Kraft

Gedörrtes Obst hat es in sich. Durch das Trocknen wird ihm das Wasser entzogen – zurück bleibt ein kalorienreiches Konzentrat aus Fruchtzucker: 100 Gramm Trockenfrüchte liefern zwischen 280 und 300 Kalorien! Gleichzeitig erhöhen sich aber auch die Mineralstoffanteile (Kalium, Kalzium sowie Eisen) und bei einigen Früchten der Karotingehalt. Außerdem steigt der Gehalt an so wichtigen Vitaminen wie B_1, B_2 und C an. Übrigens: Helle Trockenfrüchte wie Äpfel, Aprikosen oder Rosinen werden für's bessere Aussehen häugig geschwefelt. Schwefel aber zerstört Vitamin B_1 und verursacht bei manchen Menschen Kopfschmerzen. Besser: ungeschwefeltes Obst kaufen, auch wenn's nicht so schön aussieht.

Weizen: Das Beste aus der Schale

Weizen ist unser wichtigstes Brotgetreide, denn Weizenmehl besitzt hervorragende Backeigenschaften. Aber: Das weiße Haushaltsmehl (Type 405) bleibt für die Vollwertküche uninteressant, weil es von allen wertvollen Randschichten und dem Keim befreit wurde. Rundum vollwertig hingegen ist dunkles Weizenmehl (Type 1700). Sein Gehalt an Eisen, Thiamin, Riboflavin und Niacin (B-Vitamine) übertrifft den von weißem Mehl um das Vier- bis Fünffache. Und es ist genauso gut zum Backen geeignet, allerdings nicht so lange haltbar wie Weißmehl. Weizenkörner sind ein gesunder Reisersatz, gut mit Wasser bedecken, einmal aufkochen, im Kochwasser über Nacht einweichen, dann 20 bis 30 Minuten kochen. Sollen die Körner noch Biß haben – für Salate – reichen 5 bis 7 Minuten. Weizenkeime enthalten besonders viele B-Vitamine und Vitamin E. Weizenschrot ist ebenso wie Flocken ideal für Müslis, süße und pikante Grützen und für kräftiges Brot.

Die neue Vollwert-Kalorientabelle

Vollwertige Lebensmittel sind gesund – im Übermaß aber können auch sie ins Gewicht fallen. Damit figurbewußte Vollwertkost-Genießer den Überblick behalten, haben wir hier die wichtigsten Vollwert-Lebensmittel und ihren Kaloriengehalt aufgelistet. Wenn nichts anderes angegeben ist, beziehen sich die Kalorienwerte auf jeweils 100 Gramm

Vollmehlsorten

	KALORIEN
Buchweizenmehl	351
Gerstenmehl	350
Grünkernmehl	360
Hafermehl	388
Maismehl	356
Roggenmehl (Type 1150)	370
Roggenmehl (Type 1800)	357
Weizenmehl (Type 1050)	323
Weizenmehl (Type 1700)	372

Brot und Backwaren

(pro Scheibe/Stück)

	KALORIEN
Grahambrot, 50 g	99
Roggenvollkornbrot, 50 g	120
Vollkornbrötchen, 50 g	140
Vollkornknäckebrot, 10 g	36
Vollkorntoast, 25 g	65
Vollkornzwieback, 10 g	40
Weizenvollkornbrot, 50 g	105

Nudeln

	KALORIEN
Vollkornteigwaren, 50 g	169

Getreide/ Getreideprodukte

	KALORIEN
Buchweizen	350
Buchweizengrütze	342
Gerste	300
Grünkern	330
Hafer	370
Haferflocken	365
Hirse	320
Mais	340
Maisgrieß	357
Roggen	270
Sauerteig (150 g)	336
Vollreis	350
Weizen	310
Weizenkeime	373

Hülsenfrüchte

(getrocknet)

	KALORIEN
Weiße Bohnen	300

Erbsen	340
Kichererbsen	315
Linsen	320

Nüsse/Honig

	KALORIEN
Cashewnüsse	600
Haselnüsse	690
Kokosnußfleisch	339
Kürbiskerne	610
Mandeln	651
Pinienkerne	674
Sesamsamen	594
Sonnenblumenkerne	400
Walnußkerne	705
Ahornsirup, 1 EL	61
Honig, 1 EL	61

Soja/ Sojaprodukte

	KALORIEN
Sojabohnen	418
Sojabohnenquark (Tofu)	100
Sojabohnensprossen	26
Sojafleisch	93
Sojamehl, vollfett	490
Sojasoße, 1 EL (15 g)	17

Fette/Öle

	KALORIEN
Butter, 1 EL (20 g)	150
Butterschmalz, 1 EL (20 g)	180
Kokosfett (1 Würfel, 25 g)	230
Margarine, 1 EL (20 g)	150
Öl (im Durchschnitt je nach Sorte), 1 EL	110

Milch/ Milchprodukte

	KALORIEN
Crème fraîche	304
Magerquark	82
Sahnequark	167
Saure Sahne	192
Schlagsahne	316
Vollmilch, ⅛ l	80
Vollmilchjoghurt (150 g)	105

Käse

	KALORIEN
Camembert	328
Doppelrahmfrischkäse	341
Edamer	331
Emmentaler	401
Gouda	382
Parmesankäse	375
Schafskäse	302

Gemüse

	KALORIEN
Auberginen	26
Blumenkohl	28
Bohnen, grün	34
Broccoli	33
Champignons	25
Gurken	10
Kartoffeln	87
Möhren	40
Paprika	27
Porree	38
Sauerkraut	25
Spinat	27
Tomaten	19
Zucchini	31
Zwiebeln	45

Obst

	KALORIEN
Ananas	56
Äpfel	55
Apfelsinen	54
Aprikosen	54
Aprikosen, getrocknet	305
Avocado	240
Bananen	99
Birnen	56
Brombeeren	48
Erdbeeren	37
Heidelbeeren	62
Himbeeren	40
Johannisbeeren	45
Kirschen	57
Kiwi	55
Mango	69
Pfirsiche	42
Pflaumen	62
Pflaumen, getrocknet	292
Rosinen	296
Weintrauben	72

Ist »Bio-Kost« besonders gesund?

Horrormeldungen gibt's immer wieder: Hormone im Kalbfleisch, Pestizide im Gemüse, Herbizide im Obst, Nitrat im Trinkwasser. Bio-Produkte scheinen die gesunde Alternative zu sein. Und tatsächlich: Fast alle Bundesbürger – nämlich 93 Prozent – kennen sie, und 48 Prozent haben sie schon mal gekauft. Aber sind die sogenannten biologischen Erzeugnisse wirklich soviel besser?

Leider ist die Bezeichnung »Bio« gesetzlich nicht geschützt

Die Biowelle rollt. Immer mehr Produkte werden mit Etiketten wie »naturrein«, »bio«, »vollwertig« oder »kontrolliert biologisch« angeboten. Aber leider ist die Bezeichnung »Bio« gesetzlich nicht geschützt, darum läßt sich so schwer ausmachen, welche Erzeugnisse tatsächlich aus biologisch kontrolliertem Anbau stammen. Mit »Bio« sind auf jeden Fall immer Produkte gemeint, die ohne Chemie auskommen – Obst und Gemüse werden also nicht künstlich hochgepäppelt oder mit Pflanzenschutzmitteln gespritzt. Und Bio-Bauern setzen auf Stallmist. Bei der Tierzucht wird auf Massentierhaltung verzichtet, Masthilfen wie Antibiotika oder Hormone sind verboten.

Dennoch: Ob Bio-Produkte deshalb gesünder sind, kann nicht eindeutig beantwortet werden. Die Luftverschmutzung macht nämlich auch vor dem Bio-Acker nicht halt. Umweltgifte wie Blei und Cadmium lassen sich sowohl auf Bio-Gemüse und Bio-Obst als auch auf normalem Gemüse und Obst nachweisen. Anders sieht es

bei den Spritzmitteln aus. Biologisch angebaute Nahrungsmittel bleiben davon frei und enthalten deutlich weniger Nitrat.
Natürlich wächst Bio-Gemüse langsamer – aber damit ist noch nicht bewiesen, daß es deshalb auch einen höheren Gehalt an Vitaminen und Mineralstoffen hat. Eher ist anzunehmen, daß Bio-Gemüse während der längeren Wachstumsphase mehr Aromastoffe bilden kann. Folge: Bio-Obst und -Gemüse schmecken besser. Außerdem soll es eine höhere Gesundheits-Verträglichkeit haben. Beobachtet (aber nicht wissenschaftlich nachgewiesen) wurde, daß Menschen zwar Bio-Äpfel oder Bio-Kalbfleisch vertragen, auf die gleichen Nahrungsmittel aus herkömmlichem Anbau aber allergisch reagieren.
Allgemein kosten Nahrungsmittel aus ökologischem Anbau etwa 15 bis 20 Prozent mehr (siehe auch Seite 10 »Sind Vollwert-Lebensmittel teurer?«). Aber da Vollwertköstler weitgehend auf Fleisch verzichten, muß ihr finanzieller Aufwand nicht größer sein.

Oft bezieht sich die Aussage »Bio« lediglich auf eine Zutat

Wo gibt es Bio-Produkte? Vor allem natürlich in Reform- und Naturkostläden, inzwischen aber auch in vielen Supermärkten. Nur, wie gesagt: Längst nicht alles stammt aus kontrolliertem Anbau. Oft bezieht sich die Aussage »Bio« lediglich auf eine Zutat (etwa Getreide bei Müsli), der Rest wird konventionell erzeugt.
Wer auf Nummer Sicher gehen will, sollte Produkte der großen anerkannten und kontrollierten biologischen Verbände wie Demeter, Biokreis, Bioland, Naturland, ANOG kaufen. Oder direkt zum Bio-Bauern gehen. Eine Broschüre mit Adressen von Bio-Bauern sowie allen anerkannten inländischen und ausländischen Bio-Verbänden verschickt (für 8,50 Mark) »Die Verbraucher Initiative e.V.«, Breite Straße 51, 5300 Bonn 1.
Fazit: Solange es keine einheitliche Qualitätsbezeichnung für Produkte aus biologischem Anbau gibt, kann der Verbraucher nur schwer erkennen, ob ein Nahrungsmittel wirklich aus ökologischem oder nur aus konventionellem Anbau stammt.

Schlank werden und schlank bleiben

Gesund und problemlos abnehmen. Mit ausgewogenen Misch-Diäten nach Wahl. Sanft, leicht oder schnell. Mit über 200 Rezepten. Und als Zugabe: Die Kalorientabelle

In diesem JOURNAL-Ratgeber-Buch können Sie nicht nur ganz nach Ihren eigenen Bedürfnissen unter vier unterschiedlichen Diäten wählen. Sie lernen auch, worauf es beim Abnehmen und der Ernährung allgemein ankommt.

Nach den neuesten ernährungswissenschaftlichen Erkenntnissen sind die vier unterschiedlich langen Mischkost-Diäten zusammengestellt, die weder Hunger noch Mangelerscheinungen aufkommen lassen. Denn für Vitamine und andere lebenswichtige Nährstoffe ist gesorgt.

Und das Besondere: In jedem Buch liegt eine 32seitige Kalorientabelle für's Abnehmen, Gewichthalten und sogar für's Zunehmen.

Das JOURNAL-Diätbuch hat 160 Seiten Umfang und kostet 24,80 DM.

JOURNAL für die Frau

Katrin Koelle
Ulrike Kofahl
Brigitte Scharnhorst

Mit neuartiger Kalorientabelle

ERFOLGS DIÄT NACH MASS

Sanft: 4-Wochen-Diät
Fein: 2-Wochen-Diät
Leicht: 8-Tage-Diät
Schnell: 4-Tage-Diät

Über 200 Rezepte

Rezeptregister